Charles **DROULERS**

LA CITÉ

DE

PASCAL

Marcel RI[
Éditeur -

1928

LA CITÉ DE PASCAL

CHARLES DROULERS

LA CITÉ

DE

PASCAL

PARIS

LIBRAIRIE DES SCIENCES POLITIQUES & SOCIALES

Marcel RIVIÈRE, Éditeur

31, Rue Jacob et 1, Rue Saint-Benoît

—

1928

LA CITÉ DE PASCAL

I

La plupart des auteurs, tant anciens que modernes, n'ont vu dans les *Pensées* de Pascal qu'une apologie de la Religion chrétienne. Mais ces « brouillons immortels » contiennent autre chose. Si l'on s'en rapporte au plan que Pascal développa un jour — cela se passait vers 1660 — « en présence et à la prière de plusieurs personnes très considérables de ses amis » le cadre des *Pensées* pourrait être celui-ci :

I. — L'homme au dedans de lui-même.

II. — L'homme au dehors de lui-même.

   a) Rapports de l'homme avec ses semblables (Sociologie) ;

   b) Rapports de l'homme avec Dieu (Apologie).

En effet, voici comment les auteurs de la

préface de 1670, qui ont relaté cette conversation, s'expriment : « Il commença par une peinture de l'homme où il n'oublia rien de tout ce qui le pouvait faire connaître et au dedans et au dehors de lui-même ».

La partie que Pascal appelait la Science des Mœurs et qui contient les idées sociales et politiques de ce grand génie présente des caractères précis et originaux qui permettent de la dégager sans trop de peine. Elles forment un corps de doctrine. Pascal a semé les idées sociales à pleines mains dans les *Pensées*, les *Provinciales*, les trois *Discours sur la condition des Grands*. Nous en trouverons même dans la *Préface du Traité du vide* où se trouve un magnifique exposé de la marche de l'humanité vers le Progrès, dans le *Mystère de Jésus* qui est une grave et douce cantilène de l'amitié, et dans le *Mémorial* qu'il portait toujours sur lui et où il a gravé ces mots si riches de sens et de conséquences pratiques : « *Grandeur de l'âme humaine !* »

L'œuvre de Pascal est une œuvre à facettes. Si on la regarde du sommet de la Théologie elle se présente sous un certain aspect; du sommet de la Sociologie elle offre un aspect différent. La même pensée prête à des commentaires variés suivant qu'elle est examinée, médjtée, par un poète, un philosophe, un historien ou un homme d'action, par un catholique ou un libre-penseur, etc. Mais, de quelque côté qu'on étudie cette œuvre, on y trouve une doctrine de paix, elle est génératrice de paix, faiseuse de paix. Il y a là de ces pensées-actions qui, à l'instar du radium, produisent, à chaque instant, des émanations salutaires.

Si quelqu'un contestait l'existence de cette sociologie nous lui citerions cette pensée : « *J'avois passé longtemps dans l'étude des sciences abstraïtes, et le peu de communication qu'on en peut avoir m'en avoit dégoûté. Quand j'ai commencé l'étude de l'homme, j'ai vu que ces sciences abstraites ne sont pas propres à l'homme, etc...* »

D'autre part, Nicole écrivait dans son *Eloge de Pascal :* « Bientôt dédaignant la vanité de ces sciences, tout jeune qu'il était, il y renonça tout à fait pour se livrer entièrement à l'étude de la théologie et de la science des mœurs ».

Brunschvicg place en 1652 et attribue à l'influence du chevalier de Méré la révélation chez

Pascal de « cette humanité vivante et profonde à laquelle les sciences exactes ne touchaient point. » Je crois qu'il faut faire remonter à une date plus ancienne cet événement et en rechercher la cause ailleurs que dans l'influence du chevalier de Méré. En effet, Mme Périer, dans la courte biographie qu'elle a consacrée à Pascal, parle de sa renonciation aux recherches purement scientifiques comme s'étant produite vers l'âge de vingt-quatre ans, soit en 1647-1648. A partir de ce moment, sans renoncer complètement aux sciences physiques et mathématiques ainsi que l'a dit à tort Mme Périer, Pascal aborde l'étude de l'homme et commence à noter, au jour le jour, les idées philosophiques, sociales et religieuses qui lui viennent à l'esprit.

Un grand nombre de ces pensées sont incompréhensibles si on ne les étudie pas à la lumière de l'histoire. Commençons donc par jeter un regard sur l'état de la France et de l'Europe à cette époque.

En 1648, Rembrandt peint les *Disciples d'Emmaüs,* petite toile dans laquelle Michelet voyait des choses immenses : « Soupir profond et tiré de si loin ! Les pleurs de dix

millions de veuves y sont entrés, et cette mé-
lodie funèbre flotte et pleure dans l'œil du
pauvre homme qui rompt le pain du peuple.
Il est bien entendu que la tradition du Moyen-
Age est finie et oubliée. Une autre chose déjà
est à sa place. Et quoi ? L'âme moderne. La
merveille dans cette œuvre profonde d'attendrissement et de pitié, c'est qu'il n'y a rien
pour l'espérance. Seigneur, multipliez ce
pain ! Ils sont si affamés !... C'est la maison
du jeûne et de la famine » (1). Etrange coïn-
cidence ! A cette date, Pascal épouvanté des
désordres, de l'anarchie, de la misère, de la
disette et de tous les fléaux que la guerre
traîne après soi, commence, lui aussi, cette
« œuvre profonde d'attendrissement et de
pitié » qui nous fait dire, quand nous l'avons
lue : « N'est-ce pas que notre cœur était brû-
lant pendant qu'il nous parlait ? » Il y a entre
le Moyen-Age et l'œuvre de Pascal cette même
cassure que Michelet constatait entre le
Moyen-Age et l'œuvre de Rembrandt. Le
même mouvement du cœur, les mêmes événe-

(1) Michelet, *Histoire de France*, XII, p. 320.

ments historiques produisaient chez Rembrandt et chez Pascal deux œuvres vraiment sœurs par ce combat de la lumière et de l'ombre, par ce clair-obscur mystérieux où les contraires viennent se fondre, mais sœurs, surtout, par l'inspiration qui les dicta.

Un autre artiste, contemporain et très voisin de Pascal par l'acuité de la vision, la fantaisie, la sensibilité, c'est Callot. Observateur et réaliste comme Pascal il nous a laissé des tableaux impérissables de cette société du xvii° siècle. C'est l'illustrateur tout indiqué des *Pensées*. Près de l'estrade où le bourreau inflige le supplice de la roue à un pauvre diable, se dressent les tréteaux où Scaramouche amuse le populaire. Un carrosse de grand seigneur passe. Des soldats défilent avec leurs grands drapeaux et leurs longues piques. Chapeaux à plumes, vastes capes relevées par l'épée, estafiers, ruffians, truands, coupe-jarrets, coupe-bourses, hommes, femmes et enfants en guenilles, en loques sublimes, ces spectateurs des foires et des supplices ont ceci de commun : une maigreur squelettique. Vainqueurs et vaincus, conquérants et conquis, voleurs et volés, ils sont tous affamés. La terre ne produit plus rien, sans cesse foulée par les gens de guerre. « Tous les maux et prodiges, nous dit un contemporain, sont arrivés en gros qui n'ont été aux siècles précédents qu'en détail. » L'œuvre de Callot est comme un miroir de ces temps calamiteux qui se sont réflétés aussi dans l'œuvre de Pascal. Mais, autre ressemblance, il existe un Callot religieux, trop peu connu: celui qui dessina la suite de la *Vie de la Vierge* et la série *Lux claustri,* apologie de la vie ascétique et cénobitique. Sur une de ces estampes pieuses, l'artiste a inscrit cette devise très pascalienne : *Bella intestina coercet,* « La vie religieuse prévient les guerres civiles ».

En 1648, l'Allemagne est à bout de forces. Des milliers de villages ont disparu. Plus de commerce et d'industrie. La population a diminué, ici de moitié, là des trois quarts. En Saxe, des bandes de loups pénètrent dans les villages. C'est une épouvantable tourmente où semblent sombrer la fortune et la vie morale du pays. La situation de l'Espagne n'est pas plus brillante. Une misère atroce règne dans les bas-fonds. La classe moyenne a disparu. Le Pouvoir est incapable et corrompu.

En Angleterre, c'est le point culminant, l'apogée de la guerre civile : le roi Charles Ier est arrêté, jugé, et va porter sa tête sur l'échafaud. L'Europe, épuisée par les luttes politiques et religieuses, se résout à signer le traité de Westphalie. Le Saint-Empire disparaît. Le nonce du pape « préside aux funérailles du Moyen-Age » (Michelet).

En France, c'est, après les longues années de guerres de religion qui ont ensanglanté le règne précédent, la première année de la Fronde. « Les environs de Paris sont pillés et repillés, ravagés par trois armées, puis empestés des cadavres innombrables d'hommes et de chevaux ». Les envoyés de saint Vincent de Paul lui adressent sur la situation du peuple dans les provinces des rapports poignants : « Depuis cinq ans ni moissons, ni vendanges. Nous rencontrons des hommes si faibles qu'ils rampent comme des lézards sur les fumiers ». A Paris même, l'extrême misère engendre la révolution.

En veut-on des témoignages ? Feuilletons les inédits de la Bibliothèque Mazarine. Voici la « lettre d'un bourgeois de Paris à un sien

amy sur ce qui s'est passé pendant que la ville
a été bloquée » :

> « ...par une estrange histoire
> Chacun chomme de la machoire.
> Nous voyons avec grand'tristesse
> Supprimé le pain de Gonesse,
> Les bœufs et les veaux de Poissy,
> Le beurre de Vanve et d'Issy,
> Le froment de Beauce et de France
> Où nous mettions notre espérance,
> Mesme le fromage et le laict
> De Charonne et de Bagnolet... »

Après le bourgeois, écoutons parler le peuple dans l'argot savoureux des Halles. Lisons le « discours d'une harengère sur les barricades » :

> « Je l'avoue, ma commère, en despit des envieux,
> « Du Cardinal Nazain et des Monopoleux,
> « Nostre bon conseiller, ce monsieur de Bruxelles,
> « Disait la harengère à couvert sur la nelle,
> « .... je les avois vaincus
> « Ceste reyne de picque et son olibrius
> « Qui pensoit que Paris feroit toujours la beste.
> « Mais enfin le bourgeois a bien levé la creste.
> « J'ons faict la barricade et j'ons crié tout hault
> « Qu'il faut tout assommer ou bien qu'il nous le faut.
> « Et malgré leurs soudards, en dépist de la reyne
> « J'ons despavé la rue et j'ons tendu la chaisne... »

Douze cents barricades se dressent en vingt-quatre heures. Mais aucun parti n'est assez fort pour triompher. Ni la régente, ni Mazarin, ni de Retz, ni le Parlement, ni le peuple infiniment las et faible n'arrivent à créer un pouvoir stable. Les deux plus grands génies militaires de ce temps, Turenne et Condé, se tiennent en échec et les Espagnols profitent de nos discordes pour nous envahir.

En 1648, la guerre n'est pas seulement dans les villes et dans les campagnes : elle est, chose plus grave, dans les esprits. Tout chancelle (1), tout est remis en question. La majesté du trône, la pourpre des cardinaux, le bonnet carré des magistrats n'en imposent plus. C'est une pluie de libelles, de pamphlets, de chansons. La Cour présente l'aspect d'une société de Carnaval, mais d'un Carnaval triste qui glisse dans le sang. La moralité publique est tombée très bas parce qu'elle est tombée de très haut. On assiste à l'invasion des cadets de Gascogne. Hâbleries, plaisanteries, malgré

---

(1) Le mot folie revient très souvent dans les *Pensées :* « Le monde « est un hospice de fous »; « La puissance des rois est « fondée sur la folie des peuples », etc...

tant de ruines fumantes et tant de Français
massacrés ou mourants de faim. Et alors
s'échappe de la plume de Pascal cette
réflexion mélancolique : « *Les gens manquent
de cœur !* »

Une crise d'athéisme succède aux discus-
sions théologiques passionnées. Deux courtisans insultent publiquement et impunément
le Saint-Sacrement et le crucifix.

A vrai dire, depuis sa tendre enfance, Pascal avait eu sous les yeux, partout, des scènes
de désordre et de désolation. L'Auvergne, où
il est né, où il habitera pendant plusieurs
années, est le théâtre de violences qui amène-
ront le Parlement à y envoyer, en 1665, les
magistrats chargés d'y tenir les solennelles
assises des « Grands Jours ». « C'est alors,
dit Fléchier, dans la campagne et dans Clermont, une terreur générale. Toute la noblesse
est en fuite et il ne reste pas un gentilhomme
qui ne se soit examiné et qui n'aie repassé
tous les mauvais endroits de sa vie. Il se fai-
soit mille conversions qui venoient moins de
la grâce de Dieu que de la justice des hommes.
Ceux qui avoient été les tyrans des pauvres
devenoient leurs supplians ». (Grands Jours

d'Auvergne, p. 55). Lorsque Richelieu envoie
Étienne Pascal en Normandie comme inten-
dant pour les tailles, cette province a été ter-
rorisée par la révolte des va-nu-pieds. Les
receveurs d'impôts ont été massacrés, les
bureaux pillés. Et voici qu'au début de la
Fronde, la famille de Pascal quitte Rouen
pour s'installer à Paris, dans ce Paris tumul-
tueux et effervescent.

Nature fine, délicate, nerveuse, Pascal subi-
ra avec intensité le contre-coup des événements extérieurs. Ils s'impriment d'autant
plus facilement sur la plaque sensible de son
imagination que Pascal a toujours été
« l'homme de la rue ». Malade depuis l'âge de
dix-huit ans, il s'échappait souvent de son
cabinet pour fuir son mal de tête, pour chercher une diversion à ses souffrances et aussi
pour obéir aux ordres des médecins qui lui
avaient interdit toute application. Et alors il
n'allait pas aux champs ; il n'allait pas, comme
Jean-Jacques Rousseau, promener dans les
vertes campagnes, les rêveries d'un promeneur solitaire. Non, il s'en allait baguenauder,
errer dans la rue.

Il n'aimait pas le renfermé. Il comprenait

« *toutes vocations hormis en chambre* ». Il a écrit : « *La prison est un supplice si horrible* » et ailleurs : « *Le plaisir de la solitude est une chose incompréhensible* ». D'autres écrivains nous ont peint la société du siècle de Louis XIV dans les salons, à la Cour, à l'armée. Ouvrez les *Pensées* de Pascal. C'est dans la rue que sont pris les personnages et les épisodes.

En mai 1648, la famille Pascal est revenue à Paris dans sa maison de la rue Brise-Miche qui s'appelait, au Moyen-Age, rue Baillehoë et qui est mentionnée parmi les rues mal famées dans le poème licencieux de Guyot : *Le dict des rues de Paris* (1270). Cette rue avait sans doute perdu, avec son nom, sa triste réputation au XVIII siècle. Mais il est plaisant de penser que l'austère Etienne Pascal y ait élu domicile, et que, après sa mort, ses enfants se soient installés rue Beaubourg « le quartier du Beaubourg étant occupé par des ribaudes qui s'y perpétuaient par tradition ». (A. Jacob. *Curiosités de l'histoire du vieux Paris*).

Voyons Pascal sortant de son logis de la rue Brise-Miche et suivons-le dans un de ses itinéraires familiers. Il marche lentement, péniblement, ayant souffert d'une infirmité qui l'obligea pendant quelque temps à s'appuyer sur deux « potences ». La rue est étroite. On peut, dans la partie qui subsiste aujourd'hui, toucher avec les deux bras étendus les numéros pairs et impairs. C'est le type achevé du coupe-gorge parisien. Pascal aperçoit un groupe de marmots qui se chamaillent dans un coin, éclairés par une lumière avare. « *Ce chien est à moy, disoient ces pauvres enfants, c'est là ma place au soleil* ». Et, comme il est philosophe, il ajoute: « *Voilà le commencement et l'image de l'usurpation de toute la terre* ».

Dans un autre groupe, on joue au sauvage: « *Les enfans qui s'effrayent du visage qu'ils ont barbouillé, ce sont des enfans, mais le moyen que ce qui est si foible estant enfant soict bien fort estant plus agé. On ne fait que changer de fantaisie* ».

Une croisée s'ouvre, un visage curieux apparaît. « *Un homme qui se met à la fenestre pour voir les passans; si je passe par là, puis-je dire qu'il s'est mis là pour me voir ? Non, car il ne pense pas à moy en particulier* ».

La rue Brise-Miche donne dans la rue du Cloître-Saint-Merry. Pascal la prend et, tournant à droite, longe le mur de l'église. Il passe devant l'hôtel de son ami le duc de Roannez lequel se trouve dans cette rue à l'angle de la rue Taille-pain. Notre promeneur entre maintenant dans la rue des Lombards où s'élève l'église Sainte-Catherine et tourne à gauche, rue Saint-Denis. Cette longue artère est, comme aujourd'hui, très animée. Au fur et à mesure que Pascal se rapproche de la Seine la foule est plus dense. C'est une foule populaire où se trouvent des « *goujats, des soldats, des cuisiniers, des crocheteurs qui se vantent et veulent avoir des admirateurs* ». Il est heurté, bousculé. On construisait beaucoup du temps de Pascal. Les maçons et les couvreurs apparaissent souvent dans les *Pensées*. Mais voici le médecin sur sa mule, l'homme vêtu de brocatelle. « *Celà est admirable: on ne veut pas que j'honore un homme vestu de brocatelle et suivi de sept ou huit laquais ! Eh quoi ! il me fera donner les étrivières si je ne le salue. Cet habit c'est une force. C'est bien de mesme qu'un cheval bien enharnaché à l'égard d'un autre !* »

Pascal revient à plusieurs reprises sur cette question de costumes, de préséances: « *Que l'on a bien fait de distinguer les hommes par l'extérieur plutost que par les qualités intérieures ! Qui passera de nous deux ? Qui cédera la place à l'autre ? Le moins habile ? Mais je suis aussi habile que lui, il faudra se battre pour celà. Il a quatre laquais et je n'en ai qu'un: celà est visible; il n'y a qu'à compter; c'est à moy à céder et je suis un sot si je le conteste. Nous voilà en paix par ce moyen, ce qui est le plus grand des biens* ».

Notre philosophe arrive au Grand-Châtelet, le contourne et traverse la Seine sur le Pont au Change qui est, à cette époque, surmonté de hautes maisons. Il arrive au Palais. C'est un des endroits les plus fréquentés de Paris. « Trente mille personnes, dit un auteur du temps, y sont nourris de la folie des uns et de l'avarice des autres ». C'est là qu'il voit « *l'avocat en soutane, les magistrats en robe rouge avec les hermines dont ils s'emmaillotent en chats fourrés* ». Son regard perce à jour la vanité de tout cet appareil. « *Quand la force attaque la grimace, quand un simple soldat prend le bonnet quarré d'un premier président, et le fait voler par la fenestre... »*

Les Galeries du Palais sont le siège d'une foule de petits commerces. Pascal s'en va, flânant par la Galerie Mercière qui est l'apanage des lingères, des merciers, des parfumeurs. On y vend « le *rabat, le fil et le passement, de quoy montrer qu'un grand nombre de gens travaillent pour soy* ». Pascal traverse le Palais et descend sur la place Dauphine. Un régiment, levé par les frondeurs, y est passé en revue. Le comique se mêle au tragique. Tout à l'heure, ces soldats changeront d'uniforme et s'en iront défiler dans un autre quartier. La Fronde donnera ainsi, une haute idée de sa force.

Voici maintenant Pascal sur le Pont-Neuf, devant la statue d'Henri IV, alors encadrée de ses quatre esclaves. Le Pont-Neuf est, à cette époque, dans toute sa gloire et « l'on y voit plus de diversitez, de folies et de choses plaisantes qu'on n'en sçaurait décrire ». Le long des parapets, c'est une succession de baraques, de tentes, de tréteaux. On y vend de tout. On y tire des horoscopes. On y joue à la roue de fortune. On s'assemble au pied de la statue pour entendre les « chantres du

Pont-Neuf » débiter leurs couplets où les ridicules et les maladresses des régents du monde sont mis en vers et en musique. « Gare aux Ponts-Neufs ! » criait Condé à ses soldats qui hésitaient. Le Pont-Neuf est la foire aux nouvelles, le pays béni des imprimeurs, des colporteurs. Un vendeur de libelles glisse dans la main de Pascal « l'Apologie des frondeurs » dont l'auteur anonyme est le cardinal de Retz, un autre « l'Apologie pour la défense du Cardinal Mazarin ». On lui entre de force dans la poche « l'Avis pressant et nécessaire donné aux Parisiens », « l'Ambassade burlesque des filles de joye au Cardinal ». Peut-être préférera-t-il « L'Antidote pour guérir la France » ou « l'Apocalypse du théâtre du monde renversé » ou « l'Ange tutélaire de la France aux Français amis de la Paix » ou « Les charmants effets des Barricades » ? La foule s'arrache ces papiers qui s'envolent aux quatre coins de Paris.

L'importance des pamphlets à cette époque où la presse naissante était muselée et jugulée, paraît avoir été considérable. Ils pénétraient partout, ils allaient dans les palais et dans les chaumières, à Paris, dans les provinces et à l'étranger, car ils étaient traduits et répandus à profusion. La muse bouffonne et burlesque s'y donne à cœur joie. Pascal, qui s'intéresse à tout, entend crier : « L'Apocalypse de l'Etat » (de Dubosc-Montandré, pamphlétaire à gages de Condé), « L'Ambassade de la bonne paix générale », « La Chasse aux Satyres du Temps », « Le Chant royal du siège de Paris », « L'Abrégé de l'Histoire de ce siècle de fer contenant les misères et les calamitez de ces derniers temps » (1650), et combien d'autres ! Dans la « Custode de la Reyne », Mazarin s'exprime ainsi:

> « Mes conseils nécessaires à Votre Majesté...
> Pour les exécuter vous avez deux grands princes
> Qui donneront les mains au sac de vos provinces ».

On vend aussi sous le manteau un libelle intitulé: « Les dernières convulsions de la Monarchies, reconnues I par la nécessité d'éloigner Mazarin et par la nécessité de le retenir ; II par la nécessité de l'élargissement et par la nécessité de la détention des Princes ; III par la nécessité de faire de grandes impositions et par la nécessité de soulager le peuple ». Ce balancement du pour au contre est assez pascalien. Il montre dans quelle impasse, dans quelle situation inextricable se trouva la pauvre France pendant la minorité de Louis XIV.

Se gardant des vide-goussets et des tire-laines, Pascal franchit le Pont-Neuf, et le spectacle de cette foule bigarrée lui inspire ces nombreux passages des *Pensées* où il parle des divertissements: « *Opinions du peuple saines... Le peuple a des opinions très saines: 1° D'avoir choisi le divertissement et la chasse plustôst que la poésie* » et encore: « *De là vient que les hommes ayment tant le bruit et le remuement* ».

Pascal passe devant la Samaritaine, charmant petit édifice élevé sur la rive droite de la Seine par ordre d'Henri IV pour y abriter une pompe élévatoire de l'eau du fleuve. L'architecte, un Flamand, l'a orné, à la mode de son pays, d'une horloge et de carillons qui mettent le peuple en joye. Il descend sur le Port au Foin où, comme Malherbe, il va entendre parler les crocheteurs, ces fameux crocheteurs que les *Pensées* ont rendus immortels. Mais une fanfare de trompettes éclate. La grille du château du Louvre s'ouvre. Voi-

ci « *le cortège de nos roys, les gardes, les halle-
bardes, ces trognes armées qui n'ont de mains
et de force que pour eux, les trompettes et les
tambours qui marchent au devant, et ces
légions qui les environnent...* »

Pascal se mêle à la foule des passants arrê-
tés pour saluer le pâle adolescent assis dans
le fond d'un carrosse fermé et qui jette un
regard inquiet sur son peuple. Malgré tout
« *la royauté est le plus beau poste du monde !* »

En 1654 Pascal a transféré son logis « hors
et près la porte Saint-Michel », donc rue d'En-
fer ou rue de Vaugirard. Cette habitation
donnait par derrière sur le vaste et magnifique jardin du Luxembourg dépendant du Palais d'Orléans. Attenant à la Porte Saint-Michel, le long des remparts, se trouvait le Jeu
de longue paume. Pascal pouvait presque voir
les joueurs de sa fenêtre. Aussi fait-il de fré-
quentes allusions à ce jeu dans ses *Pensées.*
Mais il allait aussi voir jouer à la courte paume, ou peut-être y a-t-il joué lui-même. C'était
le jeu des princes et des gens de qualité. Il se
donnait dans un lieu couvert. Pascal pense
au jeu de courte paume quand il dit: « *Cet*

homme si affligé de la mort de sa femme et de son fils unique, qui a cette grande querelle qui le tourmente, d'où vient qu'à ce moment il n'est pas triste et qu'on le voit si exempt de toutes ces pensées pénibles et inquiétantes? Il ne faut pas s'en étonner; on vient de lui servir une balle, et il faut qu'il la rejette à son compagnon, il est occupé à la prendre à la chûte du toit pour gagner une chasse; comment voulez-vous qu'il pense à ses affaires ayant cette autre affaire à manier ? »

D'autres expressions des *Pensées* sont empruntées au jeu de boules: « *Que la noblesse est un grand avantage qui, dès dix-huit ans, met un homme en passe, connu et respecté...* »

De son habitation proche la porte Saint-Michel, Pascal serait sorti pour faire cette promenade du pont de Neuilly dont on a beaucoup parlé et discuté. Un seul témoignage nous en a laissé le récit, et ce témoignage unique paraît insuffisant à M. Victor Giraud. Je comprends et partage ses doutes, ses hésitations. Le récit de cette promenade se trouve dans un manuscrit anonyme conservé par le Père Guerrier. Admettons que ce soit une légende, mais je retiendrai de ce récit un

membre de phrase qui a son importance :
« Monsieur Pascal, quelques années avant sa
mort, étant allé, *selon sa coutume, un jour de
fête,* à la promenade au pont de Neuilly... »
Ce passage nous montre que Pascal, jusqu'à
la fin de ses jours, aima la foule, aima la cohue
et la vie de la rue, que c'était chez lui une
habitude.

On a contesté aussi à Pascal la paternité de
la brouette et du haquet, mais une invention
dont il garde tout l'honneur, c'est celle des
carrosses à cinq sols. Paris est déjà immense
en ce début du siècle de Louis XIV (certains
lui donnent 900.000 habitants), et lorsque la
pluie tombe, les rues se transforment en maré-
cages. Les personnes de qualité ont leur carrosse, mais les autres ? mais la classe moyenne ? mais les artisans ? Pascal voit l'embarras
et la fatigue de ce pauvre monde et il crée la
première société de transport en commun de
la région parisienne. La première ligne va de
la porte Saint-Antoine au jardin du Luxembourg où se trouve située l'habitation
de Pascal. Elle est inaugurée le 18 mars 1662.
Voici donc une création née d'une flânerie
dans la rue, et aussi comme la machine arith-

métique, d'une idée très sociale, celle d'épargner aux hommes un effort, de diminuer leur peine.

Une des plus jolies scènes de la vie de Pascal s'est passée dans la rue, sur la place Saint-Sulpice. « Il vint à lui une jeune fille d'environ quinze ans, fort belle, qui lui demandait l'aumône ». Place Saint-Sulpice... quinze ans... fort belle... O Manon serait-ce toi ?... « Le danger était évident », nous dit la pieuse Mme Perier, à qui nous devons ce récit. Danger pour qui ? Pascal était jeune, lui aussi, et beau. Mais pour Mme Perier, le danger exposait seulement la jeune fille... Elle convient, cependant, que son frère fut « touché », qu'il s'arrêta, qu'il lui parla... Mais la grâce, probablement, lui fut accordée et, après le mouvement d'émotion, recouvrit son cœur d'un triple airain. Il n'y eut pas de roman... Pascal mena la jeune fille au séminaire et la mit entre les mains d'un bon prêtre à qui il donna de l'argent et qu'il pria d'en prendre soin... Voilà donc une promenade qui a bien tourné.

Ces explorations dans les milieux populaires indispensables au savant qui, suivant sa propre expression, « *a commencé l'étude de l'homme* », lui ont dévoilé l'abîme où est tombée une société naguère si florissante lorsqu'elle est conduite par des gouvernements peu soucieux de paix. La Fronde a déclenché le sens social chez le savant jusque là attaché exclusivement aux sciences abstraites (1). Désormais, il se reprochera presque ces études comme un crime. La guérison des maux qui affligent la France requiert l'activité de tous les hommes de bonne volonté. A l'heure où le moindre barbouilleur de papier donne son avis sur les événements, critique, gourmande les autorités et rédige des constitutions, un génie comme celui de Pascal, aussi lucide, aussi vaste et toujours tourmenté d'un besoin d'apostolat, ne pouvait rester indifférent.

---

(1) Son apologie de la religion chrétienne sera, elle-même, composée dans un esprit très social, non pour une élite, mais pour tout le monde: « Une religion purement intellectuelle, lit-on dans les *Pensées,* ne serviroit pas au peuple ». Pascal parlera donc le langage de l'honnête homme qui se comprend dans la rue comme dans les salons. Il choisira les arguments propres à impressionner les humbles et les petits : ceux qui s'adressent au cœur tout d'abord, puis les miracles, les faits historiques.

II

Quelle sera la méthode de Pascal pour établir la science des mœurs ?

Ce ne sera pas la méthode scolastique. Il a horreur de l'abstrait. Comme Montaigne il en veut à Baroco et Baralipton « qui rendent leurs suppôts crottés et enfumés ». Il n'emploiera pas la méthode géométrique car elle consiste principalement à définir. Or Pascal ne définit pas, même quand ce serait utile et nécessaire, ainsi quand il aborde le chapitre de la justice (mot qui comporte sept sens différents dans le dictionnaire de l'Académie de 1694). Il ne définit pas, car dire de la justice, de la loi, du pouvoir, que « c'est ce qui est établi » nous renseigne sur la qualité, sur l'attribut, mais non sur la substance de l'objet.

La méthode de Pascal sera ici celle qui l'a amené à ses belles découvertes dans les sciences physiques, la méthode d'observation. Il l'indique de la façon la plus claire en nous avertissant qu'il recherchera « *la raison des effets* ».

Le point de départ de la sociologie pascalienne, c'est l'observation de cette société tourmentée, de laquelle s'échappe un soupir ardent vers la paix. Pascal appellera « *bien* » tout ce qui peut produire et maintenir la paix, « *mal* » tout ce qui peut la troubler. Il n'examinera pas le bien et le mal en soi. Rien ne pourra le faire dévier de son point de vue un peu « terre à terre » mais combien fécond et intéressant. Il veut arriver, par la méthode des sciences naturelles, à discerner ce qui est le bien et ce qui est le mal et ainsi à établir définitivement la paix dans la cité des hommes. Et il advient que cette paix se trouve être précisément la paix du Christ : la paix du Christ dans les âmes, la paix du Christ dans une république qui, tout en étant chrétienne, pourra être laïque, le domaine de la nature n'étant pas celui de la grâce mais aspirant à s'en rapprocher.

En cela Pascal est nettement novateur.

Réformer l'homme en soi en le laissant au

sein d'une société organisée suivant des lois purement civiles avait, en effet, toujours semblé impossible à ses prédécesseurs. Les uns avaient recommandé la vie monastique ou cénobitique. D'autres, ayant une conception plus large de la Chrétienté, avaient voulu que ce fût la société tout entière qui fut réformée. Tel avait été, en particulier, le point de vue de saint Thomas. Pour lui la vocation monastique était un fait exceptionnel, et, encore plus, la vocation cénobitique. Ce n'était donc pas au désert que l'on pouvait travailler au plus grand bien de la Chrétienté, mais bien en réformant le siècle lui-même. On a pu contester le *de regimine principum*. On a pu opposer à cette œuvre plusieurs articles de la *Somme* laissant entendre que cette réforme des Etats pouvait se faire aussi bien sous la direction de chefs élus que sous le gouvernement de princes héréditaires, un fait reste constant : le gouvernement des cités terrestres ne doit point être laissé au hasard si l'on veut que les citoyens de ces cités fassent leur salut. Il faut, au contraire, que le gouvernement de ces cités appartienne à des hommes doués par Dieu d'une sagesse particulière, d'une sagesse

plus ample que celle qui leur serait nécessaire
pour faire individuellement leur salut.

Pour saint Thomas cette sagesse qu'il
nomme *prudencia regnativa* ne doit point
se borner à une simple police. Son rôle n'est
pas seulement d'empêcher les troubles et les
désordres qui peuvent mettre les âmes en
péril. Elle est active. Elle doit contribuer à
assurer le salut des gouvernés. Saint Thomas
ne dit point seulement que la société peut cor-
rompre l'homme si elle est mauvaise, il dit
aussi qu'elle peut l'aider à faire son salut si
elle est bonne, si la *prudencia regnativa*
s'exerce sur elle.

Telle avait été la théorie universellement
admise au Moyen-Age. La question débattue,
et qui, en fait, avait la plus grande importance, était seulement de savoir qui, ayant
cette *prudencia regnativa*, devait régner.
Pour les uns, en bénéficiaient essentiellement
les évêques, et, avant tout autre, l'évêque de
Rome, successeur de saint Pierre. Les rois,
les seigneurs, éventuellement les chefs élus,
n'agissaient que comme légats préposés aux
choses temporelles. Pour d'autres, les rois
avaient personnellement (ou tout au moins

étaient susceptibles d'avoir) la *prudencia regnativa*, et par conséquent étaient aptes à coordonner directement à Dieu le gouvernement temporel des cités sans avoir à prendre conseil des évêques qui n'avaient à se soucier que de la direction purement spirituelle de leurs diocèses.

Pascal fait allusion à cette doctrine quand il dit: « *La république chrétienne, et même judaïque, n'a eu que Dieu pour maître... Ils considéroient leurs villes comme étant à Dieu et les conservoient pour Dieu « Foedere sempiterno » ajoute Pascal... Idée de pacte, idée d'alliance antique et perpétuelle...* » Cette étroite union de l'Eglise et du siècle, du gouvernement de l'Eglise et du gouvernement des Cités terrestres tenait essentiellement, au Moyen-Age, à l'universalité de la notion de chrétienté. Pour les hommes du Moyen-Age, les chrétiens c'était tout le monde, ou presque, et gouverner une quelconque cité c'était gouverner des chrétiens. L'excommunié c'était l'exception rare et dramatique, et d'ailleurs l'excommunié était à la fois hors de l'Eglise et hors de la cité. La cité restait donc une cité de chrétiens.

La fin du Moyen-Age avait profondément bouleversé cette notion de chrétienté, et, du même coup, la conception un peu simpliste de saint Thomas sur le gouvernement.

La Renaissance s'était tournée vers le paganisme, et la conception d'une chrétienté formée d'un groupe de cités chrétiennes gouvernées, même dans le temporel, par la loi du Christ, avait paru inacceptable.

Lorsque, en 1568, le pape Pie V ordonne de publier désormais sur tous les points de la Catholicité, le même jour qu'à Rome (le Jeudi saint) la Bulle *In coena Domini* qui est comme un abrégé du *Droit public de la République chrétienne au Moyen-Age,* il se heurte à un refus quasi-général. Cette publication cessera même à Rome, sous le pontificat de Clément XIV. Un écrivain, non suspect de laïcisme, M. Marion, professeur de théologie au Séminaire de Viviers, déclare, dans son *Histoire de l'Eglise:* « La réforme catholique du Concile de Trente a été de nul effet pour le relèvement de l'ancienne autorité des papes dans l'orientation de la politique européenne. Ce pouvoir extérieur, porté à son apogée par Innocent III avait subi un premier sérieux échec sous Boniface VIII, et depuis lors n'avait cessé de décroître. De là, au Concile de Trente, l'impossibilité de faire accepter aux puissances les projets de réforme princière; désormais, les souverains ne veulent plus entendre parler d'aucune sorte de dépendance vis-à-vis de Rome au temporel, pas même dans les choses mixtes ».

On avait cherché et trouvé dans le monde antique de tous autres principes de politique. La politique tirée des Ecritures saintes pouvait toujours paraître la meilleure; elle n'était plus la seule possible. Aristote entrait en concurrence avec saint Thomas.

La Réforme contribua puissamment à affaiblir cette notion de chrétienté. Jamais schisme n'eut pareille importance depuis le détachement des Eglises d'Orient. Et surtout jamais schisme eut à ce point une allure politique. Les protestants avaient des églises qui se doublaient de véritables Etats presque indépendants d'elles. On en avait conclu, — ce qui était parfaitement conforme à la doctrine de saint Thomas — qu'on ne pouvait admettre deux religions dans un seul Etat. Puis, on s'était fait à l'idée d'un Etat englobant **deux** religions. Mais il fallut, pour ce, trouver des bases purement laïques à cet Etat. On **tira** des Anciens l'idée de contrat liant le **peuple** au souverain et le souverain au peuple. Et l'idée d'obligation mutuelle remplaça **celle** d'un commun devoir envers Dieu. Ainsi, **en** 1573, Hotman, écrivain huguenot, faisant **le** récit des massacres dont les provinces **de** France ont été le théâtre, publie des documents qui prouvent la culpabilité du roi **et** conclut à la déchéance du prince qui a **violé** la foi jurée, qui a rompu le pacte conclu **entre** ses sujets et lui.

La Renaissance et la Réforme n'avaient point été les deux seules causes d'affaiblissement de cette idée de chrétienté qui avait **fait** le fond de toutes les théories sociales **du** Moyen-Age. Sur ces deux mouvements s'étaient greffés des sortes de mouvements parasites: une admiration trop vive pour **le** stoïcisme risquait, chez certains protestants, de supprimer le « scandale de la croix », principe même du christianisme. Chez d'autres, l'infiltration des théories philosophiques **du** Bas-Empire aboutissait à des résultats **non**

moins dangereux. La Renaissance avait fait
des pécheurs, la Réforme avait fait des héré-
tiques, le temps de Pascal était en train de
faire des athées. L'atmosphère de paganisme
était telle que les chrétiens eux-mêmes, les
catholiques, du moins ceux qui se croyaient
tels, n'étaient, la plupart du temps, entraînés
à la pratique des sacrements que par la force
de la coutume.

C'est ce que Pascal note dans une de ses
pensées : « *Il y a peu de vrais chrétiens, je dis
mesme pour la foy* ».

Nous voici bien loin de l'idée d'une chrétienté qui s'identifierait avec la cité elle-même.
Le royaume de la nature est nettement séparé
du royaume de la grâce.

Du point de vue de la vie éternelle, peu
d'époques, semble-t-il, ont été aussi optimistes
que le Moyen-Age. Si très peu, de leur vivant,
étaient exclus de la cité par l'excommunica-
tion, très peu devaient être exclus de la Jérusalem céleste le jour de la résurrection des
morts. Il n'est question, dans la littérature
de cette époque, que de criminels parvenant
à faire leur salut grâce à l'intercession
des saints ou à la sagesse de bons ermites

qui découvraient des péni†ences suffisantes.
Voyez la légende du diacre Théophile sculptée
sur le mur de Notre-Dame. Le malheureux a
vendu son âme au diable en bonne et due forme, par contrat signé de son sang. Qu'à cela
ne tienne ! La Vierge, priée et implorée, retire
des griffes du démon et déchire l'acte scellé
portant en relief *carta Theophili*. Au besoin, si un criminel meurt en état de péché, on
le ressuscitera pour lui donner le temps de se
repentir... Les hommes du Moyen-Age eussent
été bien étonnés si on leur avait dit qu'un
juste pouvait être damné, la grâce lui faisant
soudain défaut. Le salut des justes pouvait-il
être mis en question pour ces hommes qui
s'ingéniaient à prouver que le repentir suffi-
sait à sauver les plus grands pécheurs ?

Les Jansénistes, par leurs théories sur la
grâce, avaient, au contraire, fait planer une
suspicion très grave sur tous les chrétiens
qui, n'étant chrétiens que d'apparence, étaient
peut-être destinés à la réprobation éternelle.
Pour eux, chercher à organiser un gouvernement propre à conduire tous les hommes au
salut eût constitué, à proprement parler, une
hérésie. Les hommes appartenaient tous au

royaume de la nature. Un petit nombre appartenait en même temps au royaume de la grâce. L'ensemble des hommes devait donc être gouverné par des lois naturelles, nullement par des lois propres au domaine de la grâce. Comme aux premiers siècles de l'Eglise, les vrais chrétiens sont en minorité. Pas plus que sous les empereurs romains, ils n'ont donc à s'emparer du gouvernement pour en faire un gouvernement chrétien. Il convient de donner au monde un gouvernement laïc. Il faut rendre à César ce qui appartient à César. Pascal ne croit pas à la *prudencia regnativa*. Il ne pense pas que Dieu donne aux hommes d'église des lumières particulières leur permettant, sur des questions de fait, de ne point se laisser surprendre comme le commun des fidèles.

Les textes sur la papauté sont assez étendus dans les *Pensées* et dans les *Provinciales*.

Il n'est pas inutile de rappeler que Pascal vécut sous le règne de trois papes :

Urbain VIII (1623-1644). Ce pontificat est peu glorieux. Le pape lève une armée et entreprend une guerre pour s'emparer du duché de Castro. Ses troupes sont battues par celles du Duc de Parme. Urbain VIII est obligé de signer un traité humiliant. L'influence de la papauté sur la direction temporelle des Etats éprouve un nouvel échec (1).

Innocent X (1644-1655). « Très digne pape » disent les historiens, encore qu'on lui reproche, comme à son prédécesseur, une condescendance excessive pour sa famille. Il recommence la guerre et la poursuit, avec succès cette fois, contre le Duc de Parme dont il obtiendra l'annexion prochaine du duché de Castro aux Etats romains. C'est ce pape qui promulgue la bulle *Cum occasione* contre les Jansénistes.

Alexandre VII (1655-1667) rédige la bulle *Ad Sacram*, censurant les *Provinciales*. Il renouvelle la condamnation prononcée par Innocent X contre les cinq propositions de Jansénius.

Ainsi donc, la vie de Pascal s'est écoulée en

----

(1) Cf. Marion, *Histoire de l'Eglise*, III, 190 et suiv.

partie sous le règne d'Urbain VIII et d'Innocent X, qui furent d'humeur belliqueuse. Pascal ne pouvait se sentir en sympathie avec eux, lui qui avait la passion de la paix et l'horreur de la guerre.

Mais c'est Alexandre VII qui semble visé par le fragment célèbre: « *Le silence est la plus grande persécution; jamais les Saints ne se sont tus... Or, après que Rome a parlé, et qu'on pense qu'il a condamné la vérité, et qu'ils l'ont écrit, et que les livres qui ont dit le contraire sont censurés, il faut crier d'autant plus haut qu'on est censuré plus injustement et qu'on veut étouffer la parole plus violemment, jusqu'à ce qu'il vienne un pape qui écoute les deux parties, et qui consulte l'antiquité pour faire justice. Aussi les bons papes trouveront encore l'Eglise en clameurs... Si mes lettres sont condamnées à Rome, ce que j'y condamne est condamné dans le Ciel. Ad tuum, Domine, tribunal appello* ».

C'est le moment de rappeler que les *Pensées* de Pascal forment un journal intime où il jetait, au jour le jour, ses idées et ses impressions, destinées soit à rester secrètes, soit

à n'être publiées qu'après révision et correc-
tions. Seul un lecteur superficiel conclura de
cette pensée que ce grand chrétien a prêché
la révolte contre le pape. D'autres textes
font, d'ailleurs, un éloge magnifique de l'Eglise et de la Papauté: « *L'histoire de l'Eglise
doit estre proprement appelée l'histoire de la
vérité* ». « *Il y a plaisir d'estre dans un vais-
seau battu de l'orage lorsqu'on est assuré
qu'il ne périra point. Les persécutions qui travaillent l'Eglise sont de cette nature* ». « *Bel
état de l'Eglise quand elle n'est plus soutenue
que de Dieu* ». (Cette pensée se rattache encore à la distinction du temporel et du spirituel
et montre combien Pascal redoutait l'emprise
du pouvoir civil sur l'Eglise). « *Le pape est
premier. Quel autre est connu de tous ? Quel
autre est reconnu de tous ayant pouvoir d'in-
sinuer dans tout le corps parce qu'il tient la
maîtresse branche qui s'insinue partout ?* »

Mais, d'après Pascal, son infaillibilité se
borne uniquement à des questions de foi considérées abstraitement. Il faut trouver, quant
au reste, un compromis entre l'unité et la
multitude. « *Les papistes excluent la multi-*

tude et les huguenots excluent l'unité ». « Le pape est très aisé à être surpris, etc... ». Mieux vaut donc que l'Eglise s'abstienne de prétendre à une royauté universelle pour laquelle elle n'est point faite, et dans laquelle elle serait aussi faillible que des souverains purement temporels. Obligée, pour ne point risquer de dégénérer en une tyrannie peu conforme à son institution première, d'agir non *ex auctoritate* (1), mais simplement *ex ratione,* l'Eglise aurait eu quelque difficulté à gouverner, pour le temporel, une chrétienté pure dans laquelle ne se glisserait aucun élément étranger, à plus forte raison ne pouvait-elle songer à gouverner le monde si peu chrétien dans lequel vivait Pascal.

Il y a dans les *Pensées* une exposition assez subtile de cette société civile fondée sur la concupiscence : « *Les rois sont, comme vous,*

---

(1) « La conduite de Dieu qui dispose toutes choses avec douceur est de mettre la Religion dans l'esprit par les raisons, et dans le cœur par la grâce. Mais de la vouloir mettre dans l'esprit et dans le cœur par la force et par la menace ce n'est pas y mettre la religion mais la terreur, *terrorem potius quam religionem* ». (185).

*des rois de concupiscence. C'est la concupis-
cence qui fait leur force, c'est-à-dire la possession des choses que la cupidité des hommes
désire... On s'est donc servi, comme on a pu,
de la concupiscence pour servir au bien public.
On a fondé et tiré de la concupiscence des règles admirables de police, de morale et de justice, mais dans le fond, ce vilain fond de l'homme, ce « figmentum malum » n'est que couvert, il n'est pas ôté ».*

Gouverner au moyen de telles règles ne pouvait point convenir, avouons-le, à des membres de l'Eglise mais à des rois uniquement
soucieux de gouverner leurs royaumes temporels par des moyens temporels. Pascal conclut: « *Il faut mépriser la concupiscence et
son royaume et aspirer à ce royaume de charité où tous les sujets ne respirent que la charité et ne désirent que les biens de la charité* ».

Toute cette partie de la sociologie pascalienne: biens de concupiscence, royaume de la
nature et royaume de la grâce, ressemble fort
à la doctrine de saint Augustin développée
dans le chapitre XVII de la « Cité de Dieu »:
« Comment la Cité du Ciel se gouverne ici-
bas avec celle de la terre »: « Mais ceux qui ne

vivent pas de la foi, dit saint Augustin, cherchent la paix de leur maison dans les biens et
les commodités de cette vie (Pascal dira : biens
de concupiscence) ; au lieu que ceux qui vivent
de la foi attendent les biens éternels de l'autre vie qui leur ont été promis et se servent
des temporels comme des voyageurs... La Cité
de la terre... recherche la paix temporelle et
c'est l'unique objet qu'elle se propose... La
Cité céleste n'a pu avoir une religion commune avec la Cité de la terre et a été obligée de
disconvenir avec elle pour ce regard... La Cité
céleste voyage sur la terre, attire à soi des
citoyens de toutes les nations et ramasse de
tous les endroits du monde une société qui est
étrangère comme elle ici-bas sans se mettre en
peine de la diversité des mœurs, du langage et
des coutumes de ceux qui la composent pourvu
que cela ne les empêche pas de servir le même
Dieu ».

« *Deux lois suffisent pour régler toute la
république chrétienne mieux que toutes les
lois politiques* ». Port-Royal a ajouté en note :
« *L'amour de Dieu et du prochain* », se souve-
nant de la réponse du Christ à cette question
des Pharisiens : « Maître, quel est le plus

grand commandement de la loi ? »

Jésus leur dit : « Tu aimeras le Seigneur **ton** Dieu de tout ton cœur, de toute ton âme et de tout ton esprit. Voilà le grand et premier commandement. Le second lui est semblable : **Tu** aimeras ton prochain comme toi-même ».

Est-ce là ces deux lois auxquelles pensait Pascal ? Port-Royal le croit, et il a raison. Elles constituent les deux assises inébranlables de la Cité de Pascal. Mais il en est une troisième qu'on trouve dans les *Pensées* et dans les *Provinciales* non moins nettement exprimée : c'est la loi de la séparation des pouvoirs que Pascal a prise, comme les autres, dans l'Evangile : « Rendez à César ce qui appartient à César ».

La séparation des pouvoirs spirituel et temporel est un des principes sur lesquels Pascal n'a jamais varié. (Voir notamment les xviiie et xxe *Provinciales)*.

Lorsqu'une pensée de Pascal paraît obscure ou incomplète c'est dans l'Evangile qu'il faut en chercher l'explication ou le commentaire, car il en était imprégné. La Cité des hommes, telle que la comprend Pascal, est bâtie suivant les lois fondamentales tracées par le Christ.

Certes, ce serait folie de prétendre trouver
dans les Ecritures la réponse à toutes les questions politiques, économiques et morales qui
peuvent, au cours des siècles, se présenter
dans la conduite des Etats. Le Christ se con-
tente de tracer des règles très générales : le
précepte de la Charité, le principe de la séparation des Pouvoirs proclamé par deux fois
(« Mon royaume n'est pas de ce monde » ;
« Rendez à César, etc... »). On trouve aussi
dans l'Evangile et dans Pascal le principe qui
est encore à la base de toute notre civilisation
occidentale, à savoir le caractère sacré des
engagements, les conventions qui lient les parties (parabole des ouvriers de la dernière
heure).

Pour les idées fondamentales comme pour
la méthode, Pascal suit le Christ et l'Evangile.
Etant Dieu, le Christ a la vision directe,
immédiate, de toute vérité, en tant qu'homme,
obligé de communiquer avec l'intelligence bor-
née des humains par les voies qui leur sont
familières, il a pris la méthode d'observation,
il est concret. Il a un parti-pris antimétaphy-
sique. Quoi de plus réaliste que le point de

vue où se place le Christ, par exemple dans la parabole de l'arbre jugé à ses fruits ?

Réalisme, dédain des abstractions, accommodement de l'idéal avec ce qui est possible pratiquement, voilà ce qu'on trouve chez Pascal à la suite de Jésus. Il entre dans les principes des rois et des empereurs « pour modérer leur folie » au moins mal qu'il se peut. Il constate que le royaume de la nature est fondé sur la concupiscence, mais il faut mépriser la concupiscence et son royaume et aspirer à ce royaume de charité que nous devons chercher en gémissant.

On a opposé à tort Pascal à saint Thomas. Sur bien des points, ces deux grands génies se sont rencontrés. Il est vrai que, dans une de ses pensées, Pascal reproche à saint Thomas « de n'avoir point gardé l'ordre ». C'est que le point de départ n'est pas le même. Pascal part de l'homme pour aller à Dieu. Il va du connu à l'inconnu. Saint Thomas part de Dieu pour arriver à l'homme. L'auteur de la *Somme* reconnaît un rôle éminent, une sorte de primauté à la raison, tandis que pour Pascal elle est impuissante. Là est le grand désaccord. Saint Thomas, ayant intégré la

doctrine d'Aristote dans sa théologie, fait une
part plus large à la nature, cette nature
qu'Aristote appelle divine. Pascal méprise le
corps, insulte la raison, déclare la nature
totalement corrompue, considère comme abominable tout ce qui n'est pas de Jésus-Christ,
compare le monde à « une maison pestiférée
ou embrasée », (lettre à Mlle de Roannez), « à
un hôpital de fous » (Pensées), exagérations
très contraires à la doctrine de saint Thomas.

Mais saint Thomas admet, comme Pascal,
le respect de la coutume. Pour lui la coutume
contribue, en effet, pour beaucoup, à l'obser-
vance des lois, à tel point que ce qui se fait
contre la coutume commune, même si c'est de
peu d'importance, semble grave. Il résulte de
là que tout changement de la loi diminue la
force contraignante de la loi en ébranlant la
coutume, et c'est pourquoi l'on ne doit jamais
modifier une loi humaine, à moins que le gain
qui en résulte d'autre part pour l'intérêt
commun ne compense le dommage qu'on lui
fait subir sur ce point... Le peuple peut avoir
le droit de se donner comme loi sa propre
coutume, comme c'est le cas lorsqu'il s'agit
d'un peuple libre et qui jouit du pouvoir

législatif ; mais encore des actes répétés, accomplis par les sujets d'un prince, révèlent, de par leur répétition même, un caractère non accidentel, donc raisonnable, et, acceptés en fait par le prince, acquièrent ainsi force de loi. Saint Thomas considère que, si la coutume est respectable, ce n'est pas en tant que coutume, c'est en tant qu'elle condense et concrétise une sorte de jugement pratique de la raison qui traduit par les actes réitérés d'un grand nombre leur accord de fait sur ce qu'ils considèrent comme un bien ». (Etienne Gilson, Saint Thomas d'Aquin, p. 250).

Toute basée qu'elle soit sur la raison, sa doctrine s'incline devant la nécessité, devant le fait. Et c'est là un des nombreux apports de la philosophie d'Aristote (Grande morale, livre I, chap. 14). On a très justement reconnu son conservatisme pratique, son naturalisme chrétien.

Pour Pascal comme pour saint Thomas tout changement est un mal quand il s'agit des institutions et coutumes. La loi doit être stable ; on respectera le pouvoir établi. Toutes les formes du gouvernement peuvent être bonnes ou mauvaises, toutefois leur préférence à tous deux va au régime monarchique.

L'idée de la vertu, juste milieu entre deux vices extrêmes, existe dans Pascal qui la tenait de saint Thomas qui l'avait prise dans Aristote.

Que l'homme soit un animal social, c'est une vérité qui a été aperçue par ces trois philosophes.

Ce que saint Thomas appelle le « Bien commun », Pascal l'appelle la « Paix ». C'est le but de la société politique dans la *Somme* comme dans les *Pensées*.

Sur le point essentiel : la Charité, considérée par saint Thomas « comme la plus éminente de toutes les vertus » et par Pascal comme l'ordre supérieur à tous les autres, même accord.

Saint Thomas fut favorisé, à la fin de sa vie, d'une extase, après laquelle, débordant d'amour, il disait : « Tout ce que j'ai écrit ne vaut pas une paille ». Pascal, pour fixer le souvenir du ravissement où il fut plongé le 23 novembre 1654, grava ces mots sur son *Mémorial : « Dieu d'Abraham, Dieu d'Isaac,*

Dieu de Jacob, non des philosophes et des savants ! »

On connaît la phrase admirable de saint Paul: « La plénitude de la loi est l'amour » et celle de saint Augustin: « Aime et fais ce que tu veux ». Saint Jean de la Croix disait: « Le plus petit mouvement de pur amour est plus utile à l'Eglise que toutes les autres œuvres réunies ensemble ».

Pascal s'en est-il souvenu quand il a écrit sa célèbre distinction des trois ordres ? « *La distance infinie des corps aux esprits figure la distance infiniment plus infinie des esprits à la charité, car elle est surnaturelle. Tous les corps, le firmament, les étoiles, la terre et ses royaumes ne valent pas le moindre des esprits; car il connaît tout cela et soi, et les corps rien. Tous les corps ensemble et tous les esprits ensemble et toutes leurs productions ne valent pas le moindre mouvement de charité. Cela est d'un ordre infiniment plus élevé* ». Il a dit encore, dans une de ces phrases dont la construction un peu étrange est un plaisir rare pour un ami des lettres : « *Diverses chambres de forts, de beaux, de bons esprits, de pieux, dont chacun règne chez*

soi, non ailleurs, et quelque fois ils se rencon-
trent, et le fort et le beau se battent sottement
à qui sera le maître l'un de l'autre, car leur
maîtrise est de divers genre. Ils ne s'enten-
dent pas et leur faute est de vouloir régner
partout. Rien ne le peut, non pas mesme la
force: elle ne fait rien au royaume des
savants; elle n'est maîtresse que des actions
extérieures ».

Le monde, d'après Pascal, pourrait être
figuré par trois cercles concentriques. Au
milieu, les Corps, puis les Esprits, ensuite
enveloppant le tout, la Charité. Rien, dans la
nature, n'est immobile. Ces ordres sont abso-
lument distincts, mais il se produit chez eux
et entre eux des actions et des réactions. Soit
pour trouver Dieu, soit pour se retrouver les
uns les autres, les Esprits doivent passer par
la Charité. L'humain et le divin se rencon-
trent dans la Charité. Pascal aperçoit à l'origine et au terme de toute chose : « L'Amour
qui met en mouvement le soleil et les autres
étoiles » (1).

---

(1) Dante. *La Divine Comédie, le Paradis,* Chant **XXXIII.**

III

Quelle sera l'attitude de Pascal devant
l'idée de justice ? Suivant la méthode qu'il a
adoptée il commencera par se demander
quelle est la solution la plus propre à assurer
la paix. Il déclarera : « *La justice c'est ce qui
est établi* ».

Si le monde voulait se contenter de cette
définition, la paix serait proche car « *toutes
nos lois établies seront nécessairement tenues
pour justes sans être examinées* ».

Notons au passage ce souvenir des événements auxquels Pascal a été mêlé et qui
influent continuellement sur sa philosophie :
« *...L'injustice de cette Fronde qui élève sa
prétendue justice contre la Force !* »

« *Il faut obéir aux supérieurs, non parce
qu'ils sont justes, mais parce qu'ils sont supérieurs. Par là toute sédition est prévenue.
Voilà tout ce que c'est proprement que la*

définition de la justice ». Ceci n'est pas une définition mais l'escamotage d'une définition. Il y a dans la pensée de Pascal précitée une sorte de démission de l'intelligence devant le fait. C'est l'aveu sans phrases et le dessein pris sur le vif... Sédition, sédition... fronde... Pascal en est hanté. Cette hantise donne d'ailleurs à sa méthode et à son raisonnement une fixité, que l'on ne peut se défendre d'admirer.

Mais nous allons nous révolter, ou tout au moins nous attrister. Quoi ! toutes nos belles et nobles idées sur la justice... Sophocle, Antigone... les lois non écrites, etc... Il va falloir sonner le glas de tout cela. Cette faim et cette soif de la justice qui, si elle est son tourment, est aussi l'honneur de l'humanité, il faudra renoncer à les satisfaire. Il nous faudra suivre les funérailles de ce que nous avons le plus aimé !

Continuons à écouter Pascal, suivons son raisonnement. Voyons comment il va nous consoler... Cette justice que vous pleurez n'est bien qu'un cadavre. Que dis-je ? Elle n'a jamais existé. C'est une création de votre imagination, cette puissance trompeuse, c'est un fantôme, une illusion.

« *Veri juris. Nous n'en avons plus!* » Maine de Biran s'en affligeait. Mais ne nous frappons pas ! Souvenons-nous toujours que Pascal composa ses pensées dans un malheureux pays, complètement détraqué, à une époque où les institutions, les gouvernants, tout branlait et semblait devoir sombrer dans un prochain naufrage. Un pamphlet formule le vœu : « Que la loy soit faite stable à jamais, jurée avec grans serments de ne faire aucun édict qui ne soit juste, et comme tel exactement observé. L'observation des édicts ne dure pas trois jours. Incroyable ruine de l'Estat et sujet de moquerie et de mépris aux étrangers ».

Pascal constate un fait, mais il n'entend pas en tirer la conclusion que les choses doivent continuer à se passer ainsi. Quand il écrit : « *Nous n'en avons plus* » ou bien : « *Nous sommes incapables de vrai et de bien* » ce « nous » s'entend des contemporains de Pascal, perdus dans le brouillard, dans la fumée des querelles métaphysiques et des guerres civiles.

« *Rien, suivant la seule raison, n'est juste de soi. Tout branle avec le temps* ».

« *On ne voit presque rien de juste ou d'injuste qui ne change de qualité en changeant de climat. Trois degrés d'élévation du pôle renversent toute la jurisprudence. Un méridien décide de la vérité. Plaisante justice qu'une borne ! Vérité au deçà des Pyrénées, erreur au delà !* »

Pascal ira plus loin. Sans se soucier des étonnements douloureux qu'il va éveiller chez les idéalistes, les narguant, les provoquant presque, il entonnera un hymne à la louange de la force. « *L'épée donne un véritable droit* ». « *La justice est sujette à disputes, la force est très reconnaissable et sans dispute...* » (toujours le critérium : dispute ou sans dispute... séditions, séditions... la hantise !) « *Ne pouvant faire que ce qui est juste fût fort on a fait que ce qui est fort fût juste* ».

Mais l'épée n'est pas la seule manifestation de la force ; la pluralité en est une autre, c'est-à-dire, en langage moderne, le suffrage universel, la majorité. Et pourquoi ? Serait-ce par suite d'une délégation divine ou par l'effet d'un pacte tacite, d'un contrat social ?

« *La pluralité est la meilleure voye parce qu'elle est visible et qu'elle a la force pour se faire obéir* ».

Nous retrouvons encore ici le point de vue pratique, celui du Français moyen, celui du populaire, assez inattendu chez un intellectuel, chez un savant appartenant à une élite qui sera toujours la minorité et qui ne disposera jamais des « trognes armées ».

La justice dont nous devons nous contenter ici-bas, est une justice toute relative. Pourquoi ? La justice sociale c'est de rendre à chacun ce qui lui est dû. Or, comment peser, évaluer ce qui est dû ? Récompenserons-nous le mérite, l'effort, le besoin ? Ayant un morceau de pain à partager entre six personnes, le diviserons-nous en six parties égales ? Injustice, car les besoins ne sont pas les mêmes, la force, l'appétit sont différents. Le diviserons-nous suivant les besoins ? Injustice, car on pourra objecter que les mérites n'étaient pas les mêmes : l'un avait travaillé pour la communauté, l'autre avait toujours été un inutile ou un malfaisant. « *Mérite, ce mot est ambigu* ». Ces éléments sont impondérables. Ce sont les instruments, non la bonne volonté, qui nous font défaut...

« *La justice est une pointe si subtile que nos instrumens sont trop mousses pour y toucher exactement* ».

« *Nos sens n'aperçoivent rien d'extresme. Trop de bruit nous assourdit, trop de lumière nous éblouit* ».

C'est ainsi qu'il faudrait entendre la pensée: « *J'ai passé lontemps de ma vie en croyant qu'il y avoit une justice et en cela je me trompois... car je croyois que notre justice était essentiellement juste et que j'avois de quoi la connoistre et en juger* ». Mais dans le manuscrit cette pensée a été barrée d'un trait vigoureux en diagonale (1).

Nous devons nous satisfaire, dans ce royaume de la nature, d'une justice approximative. Déjà l'Ecclésiaste disait: « Il ne faut pas être trop juste ». Et le Droit Romain: *Summun jus summa injuria.*

Pascal veut qu'on respecte les lois non par-

---

(1) La rature est-elle de Pascal ou d'un autre, de Port-Royal par exemple ? Nous n'en savons rien. Cette pensée mérite, en tous cas, d'être reproduite « pour mémoire ».

ce qu'elles sont justes, mais parce qu'elles
sont lois. Saint Thomas fait une distinction :
les lois peuvent être injustes de deux façons.
Elles peuvent s'opposer au bien humain
comme lorsqu'elles ne doivent profiter qu'à
la cupidité du prince, ou lorsqu'elles répartis-
sent inégalement les charges ; dans ce cas elles
n'obligent pas dans le for intérieur, si ce n'est
peut-être pour éviter le scandale et le désordre
auquel cas on doit sacrifier même son droit.
Mais si elles contrarient le bien divin, comme
les lois qui prescrivent l'idolâtrie, on ne do't
en aucune manière les observer. *(Summa
theol.* I, II, qu. 96, art. 14, *Concl.).*

La vertu, le mérite sont indosables. Les
erreurs d'appréciation étant inévitables, les
vieux Romains avaient formulé cette maxime
profondément humaine : *Error communis
facit jus.* La justice est quelquefois faite
d'une erreur à condition que celle-ci soit
approuvée par tous. Mais Pascal va plus loin
que le Droit Romain. « *Lorsqu'on ne sçait pas
la vérité d'une chose, il est bon qu'il y ait une
erreur commune qui fixe l'esprit des hommes,*

comme par exemple la lune (1) à qui on attribue le changement des saisons, le progrès des maladies, etc. Car la maladie principale de l'homme est la curiosité inquiète des choses qu'il ne peut sçavoir... »

Cette pensée se rattache au passage où il est question des effets bienfaisants de cette puissance trompeuse, l'imagination : « *L'imagination dispose de tout, elle fait la beauté, la justice et le bonheur qui est le tout du monde... Voici à peu près les effets de cette faculté trompeuse qui semble nous être donnée exprès pour nous induire à une erreur nécessaire* ».

La doctrine de Pascal sur la justice est-elle morale ou immorale ? Ne marque-t-elle pas une régression de l'Humanité vers le Paganisme et la Barbarie primitive ? Pour répondre, il faut se placer, encore une fois, à l'époque où elle a été formulée, époque où l'abus des abstractions et les querelles métaphysiques

---

(1) Aristote se posait la question suivante : « Pourquoi est-ce surtout à partir du coucher des Pléiades jusqu'aux vents de Zéphyre que meurent les gens atteints de maladies chroniques et les vieillards ? » (Problèmes, I, 17). Et les savants d'aujourd'hui constatent une étrange corrélation entre les taches du soleil et les morts subites. L'erreur commune est devenue vérité !

avaient mis la France et l'Europe à feu et à
sang. « Huit ans après la fronde (en 1660, par
conséquent aux approches de la mort de Pascal) c'était la misère encore partout » (Michelet, *Histoire de France*). De ces spectacles
Pascal avait retiré trois choses : *l'effroi
des guerres civiles, une immense pitié pour le
peuple, une aversion profonde pour les abstractions et les idéologies.*

Ce triple sentiment inspire la Science des
Mœurs à laquelle il s'est consacré. Si Pascal
avait vécu à une époque plus sereine, dans un
pays non troublé, son apologie de la force
eût paru en opposition avec les règles de la
morale universelle, mais en son temps et dans
son pays il s'agissait de trouver et de formuler une doctrine de salut public. Ce salut, l'observateur génial a cru le trouver dans la con-
solidation du pouvoir et des institutions, tout
imparfaites qu'elles fussent, dans le refus de
discuter les notions qui sont, à tort ou à raison,
considérées comme les bases de l'Etat. Le péril était imminent. La décomposition des sociétés Occidentales semblait s'annoncer pareille
à celles de la vieille Asie. Il fallait en finir
avec les querelles byzantines, avec les compé-

titions mortelles et toujours renaissantes des partis. Une lassitude faisait dire à Pascal comme à beaucoup d'hommes de son siècle : « *il est nécessaire que ce qui est le plus fort soit suivi* ».

Primum vivere! Il faut d'abord vivre. On s'arrangera, ensuite, pour calmer les abstracteurs de quintescence et, quant au peuple, on lui fera croire que la justice est toujours avec le pouvoir établi, les institutions, les lois et les coutumes. Toutes les révolutions, et la plupart des crimes, sont commis au nom de la justice. On sacrifiera donc la justice à l'ordre. On la tiendra en suspicion et défiance. On lui préférera, en tous cas, la Charité qui, elle, ne se trompe pas *Caritas non peccat*. La doctrine de Pascal n'était donc pas immorale au temps où il écrivait, pour la société au milieu de laquelle il vivait.

A une autre époque aussi tragique, pendant la guerre de 1914, la nécessité obligea les gouvernements de tous les pays à dégager, à séparer non moins nettement la loi de la justice. Dès les premiers jours de la guerre intervinrent les décrets créant le moratorium, les lois organisant sous le manteau officiel les réquisitions et les monopoles. On forma une classe de citoyens privilégiés qui, en dépit de toute justice, étaient enlevés aux tranchées pour travailler dans les usines de guerre. Pascal disait: « ...*Il* (le peuple) *n'obéit qu'à cause qu'il croit les lois justes* ». Pendant la grande guerre et une partie de l'après-guerre, on ne se donna pas la peine de faire croire aux Français que ces lois d'exception étaient justes. Ils obéirent quand même. Mais, aux yeux de nos contemporains, le divorce de la loi et de la justice est un fait. Sous l'empire de la nécessité ils s'inclinent devant la loi, juste ou non, expression de la « pluralité » c'est-à-dire de la force. Comme au temps de Pascal, le peuple trouve son salut dans l'éclipse momentanée de l'idée de justice. Le peuple s'y soumet. Si cette doctrine est immorale, elle trouve sa justification dans le « consensus populi », dans l'acquiescement des intéressés, non moins que dans l'argument tiré de la nécessité. « *Les Estats périroient si on ne foisoit ployer souvent les loix à la nécessité* ».

« *L'épée donne un véritable droit* ». Bossuet, à son tour, dans sa *Politique tirée de l'Ecri-*

ture Sainte, établira qu'il y a un droit de conquête très ancien et attesté par l'Ecriture. « On voit Jacob user de ce droit dans la donation qu'il fait à Joseph, en cette sorte : **Je vous donne par préciput sur vos frères un** héritage que j'ai enlevé de la main des **Amor-rhéens** *par mon épée et par mon arc* ».

« Il ne s'agit pas d'examiner ce que c'étoit et comment Jacob l'avoit enlevé aux Amor-rhéens ; il suffit de voir que Jacob se l'attribuoit par le droit de conquête, comme par le fruit d'une juste guerre. La mémoire de cette donation de Jacob à Joseph s'étoit conservée dans le peuple de Dieu comme d'une chose sainte et légitime jusqu'au temps de Notre-Seigneur, dont il est écrit « qu'il vint auprès de l'héritage que Jacob avoit donné à son fils Joseph ».

Toutefois, après cette démonstration **qui** paraît bien catégorique, une sorte de scrupule s'empare de Bossuet. Il ajoute un chapitre où il dit que « pour rendre le droit de conquête incontestable, la possession paisible **y doit** être jointe ».

Il y a une fausse justice. Ainsi « *la fausse justice de Pilate ne sert qu'à faire souffrir*

Jésus-Christ; car il le fait fouetter par sa fausse justice, et puis il le tue ».

Fausse justice assurément, car Pilate avait dit aux Juifs: « Je ne trouve en lui aucune cause de mort ». Il le fait fouetter (cela est singulier), après que Jésus vient d'affirmer la distinction du spirituel et du temporel. « Mon royaume n'est pas de ce monde », parole qui aurait dû plaire à Pilate...

« *Les faux justes, dit Pascal, ont ceci de reconnaissable qu'ils n'ont souci que de plaire au monde et qu'ils ont honte de Jésus-Christ. Et enfin, dans les grandes tentations et occasions, ils le tuent* ».

IV

Deux groupes de pensées ont été supprimés
dans l'édition de Port-Royal: les fragments
sur les lois et sur la justice politique. Une
certaine timidité à l'égard du pouvoir et des
idées reçues inspira cette mutilation. Et
cependant, les auteurs, au début de ce siècle,
ne s'étaient pas privés de critiquer les institutions en termes autrement violents, mais,
en 1670, Louis XIV n'admettait déjà plus
qu'on assemblât de nuage près de son soleil.

L'horreur des guerres civiles rend Pascal
extrêmement respectueux du régime établi,
qu'il soit monarchie ou république. « *Les seules règles universelles sont les lois du pays* ».
C'est là un souvenir de la philosophie stoïcien-
ne que Balzac formulait en ces trois règles:
1° Obéir aux lois et coutumes de mon pays;
2° Etre ferme et résolu dans mes actions;
3° Tâcher plutôt à me vaincre que la fortune

et à changer mes désirs que l'ordre du monde.
Toutefois ses préférences vont très nettement
à la monarchie, et cela pour une raison
pratique : « *Qui choisira-t-on pour gouverner
un Etat ? Le plus vertueux et le plus habile ?
Nous voilà incontinent aux mains. Chacun prétend être ce plus vertueux et ce plus habile.
Attachons donc cette qualité à quelque chose
d'incontestable. C'est le fils aîné du Roi. Cela
est net, il n'y a point de dispute. La raison ne
peut mieux faire, car la guerre civile est le
plus grand des maux* ».

Au xvıᵉ siècle, les Protestants persécutés,
pourchassés, proscrits, veulent établir en
France une sorte de république fédérative,
une association de Cités gouvernées par un
maire assisté de deux conseils. L'organisation
démocratique introduite dans l'Eglise réformée par le synode de 1559 et posant le principe de l'égalité absolue des fidèles, de l'élection des pasteurs et de la fédération des Eglises devait leur donner l'idée d'une organisation analogue de l'Etat et aboutir chez certains auteurs, tel Nicolas Barnaud, à l'idée
du suffrage universel en matière politique.
Dans ce but, ils s'efforcent de démontrer que

l'origine du pouvoir royal est dans un pacte entre le roi et le peuple. Hotman, dans son livre *De furoribus gallicis horrenda,* etc..., composé après les massacres de la Saint-Barthélemy, conclut à la déchéance du prince « qui a violé la foi jurée ». Par le droit féodal, pour les mêmes causes que le vassal perd son fief, savoir pour félonie, le haut Seigneur les perd pour ce que, comme dit la loi, l'obligation d'entre eux est mutuelle et réciproque. Le droit du peuple ou des Etats qui le représente est imprescriptible.

Un autre écrivain protestant, Duplessis-Mornay, écrit que « l'Estat s'est crevassé et ébranlé depuis le jour de la Saint-Barthélemy, depuis que la foi du prince envers ses sujets et des sujets envers le prince s'est si outrageusement démentie ». D'après lui, la royauté naquit d'un double contrat entre le peuple et le roi, entre le roi et Dieu. Le prince, vassal de Dieu, peut être dépouillé de son fief pour félonie. L'auteur admet la rébellion possible des grands, noblesse, parlements, magistrats. Certains cherchent les origines du pouvoir dans Platon et Aristote et y trouvent l'idée de l'élection des magistrats donnée comme étant la plus parfaite et la plus sûre forme de police. (Louis Le Roy).

Un autre (Anne du Bourg), puise dans la Bible des exemples. Les Etats généraux sont donnés comme principe modérateur de la royauté.

A l'époque de Pascal, la fermentation huguenote a perdu beaucoup de sa virulence. Les théories qu'elle engendra sur l'origine du pouvoir en vue de le modifier ou de le conquérir, sont passées à l'arrière-plan. Elles n'ont pas entamé le moral de la nation. Si le peuple bafoue, chansonne et combat la régente et son ministre, il conserve, en dépit des plus rudes épreuves, un respect touchant pour cette antique institution de la Monarchie et pour la personne du roi. « Contre le Roy, disait Mlle de Montpensier, je ne vois personne qui avouât d'en avoir été ». Plus on narguait, raillait l'autorité ministérielle, plus on exaltait l'autorité royale. Comme on l'a dit très justement « dans cette exaltation de la majesté royale, Louis XIV ne fut que le complice de ses sujets... La liberté française consiste à n'obéir qu'au roi ».

On trouve la trace ingénue de ce sentiment

dans les pamphlets eux-mêmes. Prenons **au** hasard, entre mille, celui qui s'intitule: *Advis, remonstrance et requête par huict paysans de huict provinces sur les misères et affaires du temps présent. 1649. Composé par Misère et imprimé par Calamité.* Les huit paysans sont le Bourguignon, le Picard, le Champenois, le Poitevin, le Breton, le Tourangeau, le Normand, le Manceau. A vrai dire, je soupçonne fort ces hommes d'avoir passé la plume à un lettré de leur connaissance, comme le paysan du Danube, à qui La Fontaine prête un langage si redondant et de si nobles périphrases: « Fassent les Immortels, conducteurs de ma langue, etc. » Mais, en admettant même que ce pamphlet fut la voix d'un Français moyen, il est encore des plus significatifs en ce qu'il nous donne le reflet de l'opinion de ce temps sur le régime établi.

« Nous voici pour dire nos griefs avec toute humilité à nostre Roi, image de Dieu, son lieutenant en terre. Vous cognoissez bien ses pauvres provinces qui ont, en tout ou partie, esté gaulées, c'est-à-dire brouttées, désolées... Nous sommes aux pieds du Roy, nostre souverain seigneur, qui a puissance sur nous, sur nos vies, sur nos femmes et enfans, disons puissance souveraine laquelle il tient de Dieu. Nous sçavons bien que le Roy ne tient que de Dieu et de son épée, que sa puissance est souveraine. Mais c'est en cela que nos Roys ont surpassé tous les autres, car, par une assemblée légitime, ils se sont communiqués à leurs peuples comme pères, non comme seigneurs seulement, pour ouïr leurs plaintes. C'est la plus excellente harmonie des Estats et forme de gouvernement qui soyent au monde et la plus admirable où l'Empire et la Clémence, la force et la bonté sont jointes, de façon que, lorsque le prince n'ayme plus ses sujets comme ses enfans, il désiste d'estre roy ».

La monarchie, basée sur l'idée de pacte ou de contrat n'est pas celle de Pascal. Il ne donne pas dans les idées huguenotes si libéralement répandues à la fin du xvi⁰ siècle. Son idéal s'incarne en la monarchie héréditaire de droit divin. Mme Perier nous apprend qu'il fut toujours très attaché au service du roi. Il disait que « *dans un Etat où la puissance royale est établie, on ne pouvoit violer le respect qu'on lui devoit sans une espèce de sacrilège parce que la puissance que Dieu y a atta-*

chée est, non seulement une image, mais une participation de la puissance de Dieu ».

Quelques années plus tard, Bossuet reproduira les mêmes idées : « ...Chaque peuple doit suivre comme un ordre divin, le gouvernement établi dans son pays parce que Dieu est un Dieu de paix et qui veut la tranquillité des choses humaines... Il n'y a aucune forme de gouvernement ni aucun établissement humain qui n'ait ses inconvénients, de sorte qu'il faut demeurer dans l'état auquel un long temps a accoutumé le peuple ».

Cependant, comme Pascal, Bossuet déclare que le gouvernement monarchique est le meilleur et que, de toutes les monarchies, la meilleure est la successive ou héréditaire, de mâle en mâle, l'aîné devant succéder.

Il existe donc une concordance parfaite entre les conclusions des deux doctrines, bien que Bossuet tire la sienne des Écritures et Pascal de l'observation.

Chez Pascal, comme chez Bossuet, on constate une réaction contre l'idée protestante de pacte entre le roi et les sujets, l'idée fédéraliste et contractuelle, développée notamment par Hotman dans sa *Franco-Gallia*, qui eut une si grande influence, par Duplessis-Mornay dans son livre *Contra tyrannos*, par de Silhon dans *Le Ministre d'Estat*.

Les idées de Pascal sur la puissance royale sont celles de la quasi-unanimité des Français de son temps. Cette puissance, le roi la tient de Dieu. Elle est une participation de la puissance divine. Le roi exerce ses pouvoirs en vertu d'une délégation, non des sujets, mais de la divinité.

Dans la longue lettre que Pascal adresse à la reine Christine de Suède en lui envoyant sa machine arithmétique, il parle de sa « *personne sacrée* ». Le roi est encore à ses yeux, l'oint du Seigneur... Il ajoute qu'il a « *une vénération toute particulière pour ceux qui sont portés au suprême degré ou de puissance ou de connaissance* ».

Comment concilier ce qui précède avec les pensées nombreuses où Pascal fait figure d'anarchiste ?

C'est que Pascal distingue la *fonction* d'avec la *personne*. La *fonction* de Roi, de Grand, commande le respect. La *personne* n'a droit au respect que si elle est digne d'estime.

Le peuple ne **fait pas** cette distinction, car

il est simpliste et il aura toujours une tendance à confondre la fonction avec la personne.
C'est pourquoi, bien qu'il ait des opinions saines, il n'a pas l'idée de derrière la tête d'un
savant ou d'un homme simplement cultivé.
Mieux vaut d'ailleurs qu'il ne l'ait pas et qu'il
confonde fonction et personne dans la même
admiration et le même respect. L'ordre public
ne s'en trouvera que mieux. Mais un savant
comme Pascal aura « ses idées de derrière la
tête ». Il distinguera les grandeurs d'établissement et les grandeurs naturelles. Aux secon-
des, seules, un vrai respect, une vraie vénération. Aux premières, les dehors, le semblant
du respect et de la vénération.

Cette idée se trouve développée principalement dans les trois *Discours sur la Condition
des Grands* recueillis par Nicole, qui assure
qu'ils sont bien de Pascal, bien que n'étant
pas écrits de sa main. L'auteur des *Pensées*
ne croit pas que les grands soient doués d'une
certaine *prudencia regnativa* qui en ferait
des demi-dieux ou des surhommes différents
du commun des gouvernés. Mais il ne se refuse nullement à admettre que le même person-
nage puisse posséder les deux grandeurs et

mériter les deux sortes de respect. Ce serait forcer sa thèse dans le sens de la plus sotte démagogie que de vouloir transformer en une opposition formelle cette simple distinction qu'il établit entre les grandeurs naturelles et les grandeurs d'établissement. On n'en était pas encore, du temps de Pascal, aux aberrations de la lutte des classes. Le hasard, l'éducation, l'hérédité, peuvent parfaitement réunir les deux grandeurs en une même personne. Pascal en reconnaît un cas particulièrement éminent : celui de cette reine Christine de Suède à qui il envoie sa machine arithmétique avec une lettre qui donnera à cette princesse un renom impérissable. Sans doute, ces deux grandeurs co-existaient-elles aussi chez le duc de Roannez, gouverneur de l'Anjou et l'un des meilleurs amis de Pascal. Cela suffirait pour montrer qu'il était également distant du courtisan et du démagogue à la Diderot ou à la Rousseau affectant de mépriser les nobles parce que nobles.

Donc Pascal admet qu'un grand puisse être éminent par des qualités naturelles. Il admet qu'un noble puisse se trouver doué des plus hautes vertus... Mais cette rencontre pro-

vient d'un hasard. Il se refuse formellement
à admettre que la dignité puisse d'elle-même
conférer à celui qui la possède, par naissance
ou par élection, la moindre vertu propre. Et
il examine, avec toute la rigueur scientifique
dont il est capable, ce problème de probabilité: la probabilité d'un roi bien doué à la tête
d'un pays, ou la probabilité de grands de mérite à la tête de certaines fonctions. Il compare l'accession d'un grand dans une fonction
au cas (assez peu vraisemblable), d'un nau-
fragé qui, jeté par une tempête dans une île,
serait pris par les habitants pour un roi
disparu, de visage à peu près semblable et
serait ainsi appelé à régner à sa place. Et il
dit: « *Ne vous imaginez pas que ce soit par
un moindre hasard que vous possédez les
richesses dont vous vous trouvez maître...
Vous n'y avez aucun droit de vous-même et
par votre nature; et non seulement vous ne
vous trouvez fils d'un duc, mais vous ne vous
trouvez au monde que par une infinité de
hasards. Votre naissance dépend d'un mariage, ou plutôt de tous les mariages de ceux
dont vous descendez; mais ces mariages d'où
dépendent-ils ? d'une visite faite par rencon-*

tre, d'un discours en l'air, de mille occasions imprévues ».

Pascal se refuse à croire que la lutte aura mis au pouvoir les meilleurs. Il ne justifie pas l'existence de nobles par des théories darwiniennes, non plus que par des théories thomistes. Il est, et reste, en cette matière comme en d'autres, le grand théoricien du hasard.

« *Vous tenez, dites-vous, vos richesses de vos ancêtres, mais n'est-ce pas par mille hasards que vos ancêtres les ont acquises et les ont conservées ?* »

C'est encore le hasard qui a mis le petit grain de sable où vous savez, et qui, en tuant Cromwell, rétablit la paix et le roi.

Les rois sont constamment menacés de la mort. Ils sont aussi menacés de perdre leur trône. Leur condition de roi qui dépend d'une fidélité précaire du peuple à d'anciens usages est, par cela même, assez instable. Les bouleversements politiques n'étaient pas plus rares que les bouleversements sociaux au temps de Pascal.

« *Qui aurait eu l'amitié du roi d'Angleterre, du roi de Pologne et de la reine de Suède, au-*

rait-il cru manquer de retraite et d'asile au monde ? »

Le peuple, dont les « opinions sont saines », considère avec envie la dignité royale. Il dit « heureux comme un roi ! » Mais cette dignité ne suffit pas pour remplir l'âme de celui qui la possède. Pascal développe cette pensée un peu longuement. Nous dirons « qu'il s'amuse » à habiller une idée assez simplette de toutes les ressources de son style et de son esprit.

« *Divertissement. Le roi est environné de gens qui ne pensent qu'à divertir le roi et l'empêcher de penser à lui. Car il est malheureux, tout roi qu'il est, s'il y pense* ».

Et plus loin :

« *La dignité royale n'est-elle pas assez grande d'elle-même pour celui qui la possède, pour le rendre heureux par la seule vue de ce qu'il est ? Il ne manque jamais d'y avoir auprès des personnes des rois un grand nombre de gens qui veillent à faire succéder le divertissement à leurs affaires, et qui observent tout le temps de leur loisir pour leur fournir des plaisirs et des jeux, en sorte qu'il n'y ait point de vide, c'est-à-dire qu'ils sont environnés de personnes qui ont un soin merveilleux*

*de prendre garde que le roi ne soit seul et en
état de penser à soi, sachant bien qu'il sera
misérable, tout roi qu'il est, s'il y pense ».*

Bornons-nous à ces citations. Les lecteurs
de Pascal savent quelle étendue ont ces développements. Avouerons-nous que le raisonnement de notre grand Pascal nous paraît ici
un peu faible ? A l'entendre, les divertissements dont un roi s'environne sont faits pour
lui masquer et lui voiler sa dignité, pour l'empêcher d'y penser. On pourrait peut-être tout
aussi bien soutenir que ces divertissements
considérables et continuels, ces chasses sur
des provinces entières, cette mobilisation
d'ouvriers, de soldats, de gardes, d'acteurs,
de courtisans, ce luxe effréné, tout ce train
de maison, plaisent aux rois parce qu'ils leur
donnent agréablement conscience de leur condition. Loin de leur faire oublier leur dignité,
ces hommages, ces services d'une cour et d'un
peuple entier, la leur rappellent. Et c'est
pourquoi, en dépit des risques attachés à la
profession, les candidats au trône ne manquent jamais.

Mais Pascal est entraîné par une vue un
peu systématique. Il veut d'abord, lui le

grand apaiseur, le grand haïsseur des guerres
civiles, diminuer l'envie, la jalousie qui nuisent à la bonne harmonie des Etats.

Et ensuite, il veut, à tout prix, montrer la
bassesse et la misère de l'homme. Cette
démonstration sera faite s'il réussit à prouver
que, dans la situation la plus haute et la plus
enviée, l'homme est plein de misères. Malheu-
reusement, la preuve par le divertissement ne
convainc pas tout le monde. Il est, d'ailleurs,
d'autres preuves, et elles sont assez nombreuses et assez puissantes, dans les *Pensées*,
pour établir sans aucun conteste la profonde
misère de l'homme sans Dieu.

Le pamphlet des « huict paysans » formule
un vœu assez inattendu. Après avoir souhaité
la paix générale, la punition des simonies, le
départ de Mazarin, il demande « que la noblesse soit remise en sa première splendeur et
administre la justice comme anciennement ».
C'est l'indice d'un curieux état d'esprit. Le
peuple du temps de la Fronde, se croyant
abandonné ou trahi par le pouvoir central, en
appelle à la noblesse, alors que jadis il en
avait appelé des seigneurs féodaux au roi.
Itus et reditus, voyage d'aller et retour. Il

sent obscurément, ce pauvre peuple, ce que Pascal va exprimer magnifiquement.

« *Le propre de la puissance est de protéger* ».

L'auteur des *Pensées* rejoint ici, par exception, la théorie médiévale du Pouvoir. Le vassal se lie par l'hommage et promet soumission en échange de ce qui est le propre de la puissance : la protection. Pascal, lui aussi, considère la protection, non comme un luxe facultatif, mais comme une fonction qui est de l'essence même de la grandeur.

Mais le Moyen-Age paraissait déjà loin à l'époque de Pascal. On le méprisait, on le poursuivait, on le maltraitait jusque sur les statues des cathédrales que les chanoines noyaient dans le plâtre ou détruisaient à coups de marteaux. La noblesse oubliait son origine et ses devoirs. La mère Angélique les lui rappelle vertement. Elle parle aux nobles de « leur responsabilité effroyable ». Elle dit que « les grands et les puissants seront tourmentés puissamment ».

Pascal ne veut, pas plus que le peuple, détruire la noblesse mais la réformer.

Sans aucun doute la pensée « *les enfants*

étonnés de voir leurs camarades respectés »
doit s'entendre des camarades *nobles*. Cette
boutade n'empêche point Pascal de déclarer
très saine l'opinion du peuple qui lui fait
« *distinguer les hommes par les dehors comme par la noblesse* ». Et puis « *la noblesse est
un grand avantage qui, dès dix-huit ans, met
un homme en passe, connu et respecté comme
un autre pourrait avoir mérité à cinquante
ans. C'est trente ans gagnés sans peine* ». Il
se pourrait bien que Pascal n'ait mis aucune
ironie dans cette pensée. Avec son esprit réaliste, il considère que cette économie de temps
est tout aussi bien à l'avantage de la cité que
de l'individu.

La puissance ne doit pas dégénérer en
tyrannie. Pascal précise ce qu'il entend par
là: « *La tyrannie consiste au désir de domi-
nation universelle et hors de son ordre. Ainsi,
vouloir être craint parce qu'on est beau, vouloir être aimé parce qu'on est fort, est faux et
tyrannique* ».

Nulle part mieux qu'ici Pascal n'apparaît
comme un maître à penser, car son magnifique
et lucide génie nous apprend à voir toute chose sur son plan et dans son ordre. Et il nous

enseigne aussi que « *le propre de chaque chose doit être cherché* ». A ceux qui prétendent que Pascal n'eut pas de méthode nous pouvons affirmer que ces deux préceptes nous initient aux règles les plus fécondes de la méthode pascalienne.

Il est une pensée de Pascal qui a été, à juste titre, remarquée, parce qu'elle est une des rares où il est fait mention de saint Thomas : « *Les vrays chrétiens obéissent aux folies néantmoins, non pas qu'ils respectent les folies, mais l'ordre de Dieu qui, pour la punition des hommes, les a asservis à ces folies... Ainsy saint Thomas explique le lieu de saint Jacques sur la préférence des riches qui, s'ils ne le sont dans la vüe de Dieu, ils sortent de l'ordre de la Religion* ».

Saint Jacques avait dit, II, I : « Mes frères, ne faites point acception de personnes, vous qui avez la foi de la gloire de N. S. J. C. Car s'il entre dans votre assemblée un homme avec un anneau d'or et une robe blanche, et qu'il y entre aussi un pauvre avec un méchant habit, si vous ne faites attention qu'à celui qui est richement vestu et ce que vous lui disiez : Toi, prends ici ce siège d'honneur, tandis que vous disiez au pauvre : Toi, reste debout, ou assieds-toi au-dessous de mon marchepied, vous faites entre eux une distinction, et vous suivez des pensées contraires à la justice ».

Les idées de Pascal sur le droit de propriété doivent être examinées dans les *Pensées*, dans les *Provinciales* et dans les discours sur la *Condition des Grands*. Il ne faut pas se contenter de la phrase célèbre : « *Ce chien est à moy, disoyent ces pauvres enfans, c'est là ma place au soleil. Voilà le commencement et l'image de l'usurpation de toute la terre* ». Usurpation est un peu dur (1). Nous avons déjà remarqué cette propension de Pascal à forcer parfois les mots (2). Mais, à y bien réfléchir, on constate que cette phrase énonce un fait bien ordinaire et nullement révolutionnaire. Qu'il y ait à la racine de la propriété une prise de possession rien de plus logique et on ne comprend guère que les choses aient pu se passer autrement. Mais il ne

(1) Bourdaloue était encore plus dur quand il disait : « A l'origine des grandes fortunes il y a des choses qui font frémir ». (*Sermon sur l'aumosne*).

(2) « Nos prières et nos vertus abominables devant Dieu... ». *Abominables* est choquant.

faut pas s'appuyer sur cette pensée pour dire que Pascal a contesté le droit de propriété. Il n'en est rien. Nous lisons dans un de ses *Discours sur la Condition des Grands* : « *Je ne veux pas dire que ces biens ne vous appartiennent pas légitimement et qu'il soit permis à un autre de vous les ravir; car Dieu, qui en est le maître, a permis aux sociétés de faire des lois pour les partager et, quand ces lois sont establies il est injuste de les violer* ». (Premier *Discours sur la Condition des Grands*).

Ailleurs, Pascal reconnaît qu' « *il est nécessaire qu'il y ait de l'inégalité parmy les hommes* ».

En somme, les richesses comme les titres, ont été acquis par mille hasards. Ils ne sont transmis que par la seule volonté des législateurs. On ne peut y prétendre en vertu d'un droit naturel.

On sait combien Port-Royal était sévère dans les avis qu'il donnait aux riches sur l'emploi de leurs biens. L'esprit de Port-Royal était un esprit de pénitence et de charité. Il tendait donc à limiter plutôt qu'à étendre le droit de propriété. Pascal écrivait dans une de ses *Provinciales* : « *C'est une chose assez connue, mes Pères, que selon l'esprit de l'Eglise, il y a deux préceptes touchant l'aumosne: l'un de donner de son superflu dans les nécessitez ordinaires des pauvres, l'autre de donner mesme de ce qui est nécessaire selon sa condition dans les nécessitez extresmes* ». Un autre ami de Port-Royal, le Prince de Conty, a repris sous une forme à peine différente l'idée exprimée par Pascal: « Le grand doit sçavoir que tout son superflu est le patrimoine de son prochain lorsqu'il est dans l'indigence et qu'il lui doit mesme de son nécessaire lorsque son indigence est extrême » (1).

Nous voyons, dans l'Évangile, que le Christ se contenta de louer la veuve qui avait donné de son *nécessaire* en déposant dans le tronc deux petites pièces valant ensemble le quart d'un as. Il ne va pas jusqu'à obliger les fidèles à l'imiter.

Dans le chapitre *des Grands* devrait figurer une pensée où Pascal expose, avec ce sens so-

---

(1) « Des devoirs des Grands », par Mgr. le Prince de Conty, Paris 1717.

cial aigu qui le caractérise, sa théorie de la responsabilité.

« *Le moindre mouvement importe à toute la nature; la mer entière change pour une pierre. Ainsi, dans la grâce, la moindre action importe par ses suites à tout.* DONC TOUT EST IMPORTANT. *En chaque action, il faut regarder, outre l'action, notre état présent, passé, futur,* ET DES AUTRES A QUI ELLE IMPORTE, ET VOIR LES LIAISONS DE TOUTES CES CHOSES ».

On ne peut exprimer plus magnifiquement la solidarité qui unit tous les membres du corps social et les devoirs qui en résultent. Lorsque Grands ou Petits commettent des fautes, les conséquences des moindres d'entre elles peuvent être effroyables.

Pascal compare la société non à une échelle, mais, image beaucoup plus juste, à une roue. Les Grands sont sur la circonférence, les petits sont près du centre. Ainsi les mêmes accidents, les mêmes fâcheries et les mêmes passions agitent les Grands davantage. « *Les grands et les petits ont mesmes accidents et mesmes fascheries et mesmes passions; mais l'un est au haut de la roue et l'autre près du centre et ainsi moins agité par les mesmes mouvemens* ». La Bruyère répète presque textuellement: « A la Cour, à la ville, mesmes passions, mesmes faiblesses ». Mais Vauvenargues prendra le contre-pied de cette idée. Il dira: « Le peuple et les grands n'ont ni les mesmes vertus, ni les mesmes vices ». Ajoutons, car c'est la conclusion à tirer de cette pensée, que les actes des Grands ont un rayonnement d'une ampleur qui doit les porter à être « bien retenus » dans tout ce qu'ils font.

« Il n'est pas bon d'être trop libre ». « Il n'est pas bon d'avoir tout le nécessaire ». C'est la première règle de l'ascétisme, me dit-on. Soit ! mais cette pensée est aussi de celles qui ont une portée sociale. Les hommes qui ont tout le nécessaire, qui, partant, sont trop libres, échappent à la grande loi du travail. Nous verrons plus loin, dans le chapitre où nous parlerons du peuple, l'importance que Pascal attache au métier, à la profession. Quand il fait son testament, il lègue quelques rentes viagères aux vieux serviteurs de sa famille, mais à son filleul Blaise Bardout il ne fait pas la moindre rente. La somme de trois cents livres qu'il lui laisse doit être employée à lui faire apprendre un métier.

Pascal avait comme ami intime Arthur Gouffier, duc de Roannez, gouverneur du Poitou. Mme Perier dit qu'il alla plusieurs fois en Poitou avec le duc et nous possédons dans les œuvres du chevalier de Méré une relation d'un de ces voyages. « Le duc de Roannez a l'esprit mathématique, et, pour ne pas s'ennuyer sur le chemin, il avait fait provision d'un homme entre deux âges qui n'était alors que fort peu connu, mais qui depuis a bien fait parler de lui. C'était un grand mathématicien qui ne savait que cela. Ces sciences ne donnent pas les agréments du monde ; et cet homme qui n'avait ni goût, ni sentiment, ne laissa pas de se mêler en tout ce que nous disions, mais il nous surprenait presque toujours et nous faisait souvent rire... Deux ou trois jours s'étant écoulés de la sorte, il eut quelque défiance de ses sentiments et ne faisait plus qu'écouter ou interroger... Cela fut bien remarquable qu'avant que nous fussions arrivés à Poitiers il ne disait presque plus rien qui ne fût bon ».

Et l'homme entre deux âges, le voyageur fort peu connu, note sur ses tablettes : « *J'aurai aussi mes idées de derrière la tête. Je*

prendrai garde a chaque voyage. (1) *Grandeur
d'establissement, respect d'establissement* ».

L'air un peu moqueur de certains de ses
compagnons n'avait sans doute pas échappé
à Pascal qui ne manquait pas d'esprit de fines-
se. Il s'en venge en leur accordant un simple
« respect d'établissement ». Il ne leur reconnaît pas de « grandeur naturelle ».

Pendant ses séjours chez le duc, Pascal put
faire des observations sur les droits et les
devoirs des grands. Leur premier devoir,
nous l'avons vu, est de protéger. Une autre
obligation qui s'impose à eux est de donner.

« *Le propre de la richesse est d'être donnée
libérallement. Le plaisir des grands est de
pouvoir faire des heureux* ».

Belles et émouvantes maximes qu'il ne faut
ne faut pas se lasser de répéter, parce qu'elles
sont, aujourd'hui comme hier, messagères de

---

(1) Il prendra garde à être honneste homme. Pascal ne
veut pas qu'on le loue seulement d'être un bon mathématicien. Il le déclare avec gaieté dans une des pensées:
« *C'est un bon mathématicien, dit-on. Mais je n'ay que faire
de mathématiques, il me prendroit pour une proposition.*
« *C'est un bon guerrier* », *il me prendroit pour une place
assiégée. Il faut donc un honneste homme...* »

paix sociale. Elles méritent d'être inscrites à côté de cette autre pensée où apparaît si magnifiquement l'altruisme de Pascal : « *Nous avons une si grande idée de l'âme de l'homme que nous ne pouvons souffrir d'en être méprisés et de n'estre pas dans l'estime d'une âme* ».

Pascal aurait-il voulu, comme Platon, bannir les poètes de sa république ? Non, car il connaissait trop le pouvoir et l'utilité **de** l'imagination, de l'illusion, et même de **la** folie, dont on dit que les poètes sont détenteurs. Il faut parfois piper le peuple dans l'intérêt de la paix sociale. Les poètes s'en chargent, ils sont donc utiles. Mais il ne met guère de différence entre le métier de poète et celui de brodeur. Contemporain de Pierre Corneille, il ne cite de lui qu'un vers et c'est pour le trouver inhumain : « *Albe vous a nommé,* etc...» Une seconde fois, Pascal cite Corneille : « *Qui voudra connoistre à plein la vanité de l'homme n'a qu'à considérer les causes et les effects de l'amour. La cause en est un je ne sçai quoy (Corneille) et les effects en sont effroyables* ».

Et l'on s'étonne de trouver chez lui si peu

d'admiration pour le grand poète que Napoléon aurait fait prince. Mais Pascal partageait plutôt l'avis de Malherbe qui disait : « Un bon poète n'est pas plus utile à l'Estat qu'un bon joueur de quilles ».

Ayant vu beaucoup de ces mauvais poètes qui gravitent autour des précieuses ridicules de l'Hôtel de Rambouillet, il se moque agréablement de leur jargon : « Siècle d'or, merveille de nos jours ». Comme Molière, Pascal nous fait entendre combien un faux sonnet est ridicule, et les lecteurs des *Pensées* se souviennent du charmant et un peu bizarre passage sur les poèmes qui ressemblent « *à une jolie demoiselle toute pleine de miroirs et de chaînes dont on rira. Et c'est pourquoi nous appelons les sonnets faits sur ce modèle-là des reines de village* ». Les reines de village ne sont point naturelles. Or Pascal veut que le style soit naturel. Il ne veut pas qu'on fasse des antithèses en forçant les mots. Tout ce qui n'est que pour la gloire de l'auteur ne vaut rien.

« *Poëte et non honneste homme* ». Les disciples des Muses ne doivent pas s'en offenser. Le terme d'honneste homme avait, sous **la**

plume de Pascal, comme sous celle de ses contemporains, un sens tout différent de celui
qu'on lui donne aujourd'hui. C'était quelque
chose d'assez compliqué et d'assez rare. « Si
quelqu'un me demandait en quoi consiste
l'honnêteté, écrivait le chevalier de Méré, je
dirais que ce n'est autre chose que d'exceller
en tout ce qui regarde les agréments et les
bienséances de la vie. L'honneste homme est
à sa place partout ; il s'acquitte de tout avec
une supériorité qui n'a rien de technique et de
contraint. Rien en lui ne sent le métier. Métier
et honnêteté sont choses incompatibles et contradictoires ».

Ainsi, Pascal dit « poëte » comme il aurait
dit « mathématicien, géomètre ou prédicateur ». L'honneste homme pour lui, comme
pour son ami le chevalier de Méré, c'est un
homme universel et qui ne veut point d'enseigne.

Aristote qui paie aujourd'hui d'une défaveur injustifiée l'empire tyrannique qu'il
exerça, pendant des siècles, sur les intelligences, avait déjà défini l'honnête homme. « C'est
celui qui ne pousse pas son droit jusqu'à une
fâcheuse rigueur, mais qui s'en relâche au

contraire, bien qu'il ait l'appui de la loi pour lui. L'honnêteté est une sorte de justice... La nature de l'honnête est précisément de redresser la loi là où elle se trompe à cause de la formule générale qu'elle doit prendre ».

Le Moyen âge avait connu le « preud'homme » qui était vaillant, loyal et droicturier envers Dieu et le monde.

Le XVIIe siècle nous a donné l' « honneste homme », produit d'une civilisation raffinée, possédant une culture générale, agréable dans la vie civile, connaissant son métier mais n'en parlant pas.

Vers la fin du XVIIIe siècle, d'après Condorcet, cette expression signifiait : celui qui a de la naissance ou de l'argent.

A mesure qu'on se rapproche des temps modernes, le mot qui a trop servi, dont on a abusé, s'est vidé comme un sablier : de nos jours « l'honnête homme » est pourvu de qualités purement négatives ; c'est celui qui n'a ni tué ni volé.

V

Si, au temps de Pascal, les guerres civiles
et étrangères avaient accablé l'Etat de maux
immenses, c'était le peuple, l'artisan des villes
condamné au chômage et le paysan frustré des
produits de son travail, qui en supportaient le
plus grand poids. Jacques Bonhomme était
devenu le bonhomme Misère.

Il était encore tel qu'Agrippa d'Aubigné l'a
dépeint dans le chapitre de ses *Tragiques*
intitulé « Princes ».

« On traitte des moyens et des ruses nouvelles
Pour succer et le sang et les chiches moelles
Du peuple ruiné; on fraude de ses biens
Un François naturel pour un Italien.
On traitte des moyens pour mutiner les villes,
Pour nourrir les flambeaux de nos guerres civiles...
Nos princes ignorans bouschent leurs tristes vües
Courans à leurs plaisirs, éhontez, par les rues,
Tout ennuiez d'ouir tant de fascheuses voix,
De voir les bras de fer et les jambes de bois...

> Pour ce que bien souvent nous souffrons peines telles,
> Soustenans des plus grands les injustes querelles,
> Valets de tyrannie, et combattons exprès,
> Pour establir le joug qui nous accable après.
> Nos pères estoient francs: nous qui sommes si braves
> Nous lairrons des enfans qui seront nez esclaves ! »

Chez Pascal, le savant et le chrétien sont également attirés par ce peuple. Son esprit pénétrant veut le connaître et son cœur veut l'aimer. Est-il sujet plus digne d'attention et de sympathie que cet homme du peuple qui, ployant sous le faix de maux sans nombre, conserve un attachement touchant pour la personne du roi.

Industriel, Pascal avait vu de près les ouvriers lorsqu'il fabriquait sa machine arithmétique (1). Son ambition était d'en sortir de nombreux exemplaires. Les instruments de ses expériences de physique exigèrent aussi

---

(1) De son contact avec les artisans, notamment avec les mécaniciens et les horlogers qui l'aidèrent dans la fabrication de sa machine arithmétique, il a retenu certains termes de métier qui donnent un charme particulier à son style. Par exemple: « La Justice et la Vérité sont deux pointes si subtiles que nos instruments sont trop *mousses* pour y toucher exactement. S'ils y arrivent, ils en *écachent* la pointe... »

l'emploi d'une main-d'œuvre habilement dirigée.

Les solitaires de Port-Royal ne craignaient point de faire eux-mêmes une partie des travaux nécessaires à leur existence. L'abrégé de l'histoire de Port-Royal nous montre ces savants consolidant les bâtiments de l'abbaye qui menaçaient ruine et que la communauté des filles du Saint-Sacrement ne pouvait faire réparer, étant trop pauvre. Nous les voyons bêchant, fauchant les prés, fabriquant des sabots.

Pour Pascal, un métier était chose fort estimable, et comme le propre des soldats est de se bien battre, le propre des artisans est de bien pratiquer leur métier. Il est à remarquer, d'ailleurs, que les métiers furent toujours honorés au Moyen-Age, comme pendant la Renaissance, et ensuite sous les règnes d'Henri IV et de ses successeurs. Au temps de Pascal, le roi logeait en son propre château, dans les appartements qui se trouvaient au-dessous de la Grande galerie du Louvre, « les plus excellens ouvriers en toutes sortes d'arts qu'on put trouver par le monde, dont les places vacantes par la mort de l'un d'eux étoient données par le roy seul à d'autres avec quantité de beaux privilèges ». (Gomboust, *Introduction au Plan de Paris de 1642*). Il revient à plusieurs reprises dans ses *Pensées* sur cette question des métiers. En particulier, il semble préoccupé de détruire ce préjugé qui mettrait la profession des armes au-dessus des autres, et il le fait, non par mépris pour la carrière des armes, mais par estime pour les autres métiers. Il va même très loin quand il écrit: « *La chose la plus importante de toute la vie est le choix du métier. Le hazard en dispose* ».

Que devient dans tout cela la volonté libre de l'homme ? Ici apparaît cette tendance du Jansénisme à la réduire au minimum. Quand il s'agit du salut, cette volonté est dominée par la grâce, et c'est bien la chose la plus importante de la vie surnaturelle. Quand il s'agit du métier, cette même volonté est dominée par le Hasard, et c'est la chose la plus importante de la vie naturelle. Elle est aussi dominée par la coutume, la géographie, le climat, l'atavisme, etc., car : « *Des*

*pays sont tous de maçons, d'autres tous de
soldats, etc... Sans doute que la nature n'est
pas si uniforme. C'est la coutume qui fait donc
cela, car elle contraint la nature; et quelquefois la nature la surmonte et retient l'homme
dans son instinct malgré toute coustume bonne ou mauvaise ».*

Pascal, sur la fin de sa vie, a pris pour
principe de renoncer à tout plaisir, à toute
superfluité. Mme Périer ne nous surprend pas
quand elle écrit: « Il blâmait cette recherche
curieuse et cette fantaisie de vouloir exceller
en tout, comme de se servir en toutes choses
des meilleurs ouvriers, d'avoir toujours du
meilleur et du mieux fait. Il nous disait que
pour les ouvriers il falloit toujours choisir les
plus pauvres et les plus gens de bien, et non
pas cette excellence qui n'est jamais nécessaire ». Je crois bien que lorsque Pascal
s'épuisait au montage de sa machine arithmétique, il ne recherchait pas les plus pauvres, mais les plus habiles ouvriers. Mais il
était jeune alors, et l'austérité de Port-Royal
ne l'avait pas encore conquis.

Ses préoccupations sociales se manifestaient à chaque instant et s'étendaient à toutes les classes de la société. Il n'a pas oublié nos devoirs envers nos domestiques. « Il me disait, écrit Mme Périer, dans sa *Vie de Pascal,* qu'il ne fallait jamais tenir tel discours devant les laquais, parce que je ne savois pas quelles pensées je pourrais exciter par là en eux ». Réflexion très juste et très utile à rappeler aux gens du monde d'aujourd'hui.

La tendresse de Pascal pour les pauvres était extrême. En cela, il avait bien l'esprit de Port-Royal. Dans une sorte de profession de foi écrite de sa main, il écrit : « *J'ayme la pauvreté parce que J. C. l'a aymée. J'ayme les biens parce qu'ils donnent le moyen d'assister les misérables* ». Mais mieux que les écrits, les actes chez Pascal ont témoigné de l'étendue et de l'ardeur de sa charité. Mme Périer nous a laissé une biographie de son frère où elle s'est étendue avec une complaisance marquée sur les innombrables traits de sa bienfaisance. Comment oublier, après l'anecdote de la mendiante de Saint-Sulpice, celle des pauvres de Blois pour lesquels il voulait emprunter en donnant comme garantie les bénéfices à venir de ses fameux carros-

ses à cinq sols, celle du malade pauvre recueilli
avec son fils dans sa maison, etc... A son
entourage, qui s'inquiétait de ses largesses, il
répondait en riant: « Bah ! quelque pauvre
qu'on soit, je remarque qu'on laisse toujours
quelque chose en mourant ».

VI

En politique, Pascal est, comme en toute chose, réaliste. Nous serions tentés de dire opportuniste si ce mot ne signifiait, aux yeux de nos contemporains, absence de principes, de scrupules et de méthode. Mais l'opportunisme de Pascal est sain et sauf de tout matérialisme, car il est vivifié, éclairé par le double faisceau lumineux de la charité : amour de Dieu et du prochain. Pascal a un profond respect de la personne humaine qui, en dépit de sa tare originelle et de ses misères, est appelée à entrer dans le royaume de la grâce.

Sous le bénéfice de cette observation, examinons les maximes de gouvernement énoncées par Pascal.

La plus importante est celle-ci : « *La nécessité et les évènements sont nos maîtres* ».

Ne voit-on pas se profiler derrière cette phrase la grande ombre du *Fatum,* cette divinité sourde et aveugle qui domine tout le drame antique ? Nécessité et évènements commandent aux rois les plus puissants et aux plus illustres. Ils sont nos maîtres infaillibles, mais — et ici la pensée de Pascal se sépare de l'idée païenne — ils sont donnés par Dieu, par le Dieu des Chrétiens, par le Dieu de Pascal. C'est pourquoi nous pouvons et devons les chérir.

Où commence la difficulté c'est quand *il* s'agit de bien entendre, d'interpréter et d'appliquer la voix de la nécessité et des évènements. Ils doivent laisser intangibles les principes de la République chrétienne.

Le Cardinal de Retz dit, dans ses *Mémoires:* « Il n'y a rien dans le monde qui n'ait son moment décisif, et le chef-d'œuvre de la bonne conduite est de connoître et de prendre ce moment ».

Pascal n'a garde de méconnaître le rôle du temps dans les relations entre les Etats comme dans les rapports entre les particuliers.

« *Le temps guérit les douleurs et querelles parce qu'on change, on n'est plus la mesme personne. Ni l'offensant, ni l'offensé ne sont plus les mesmes. C'est comme un peuple qu'on*

a irrité et qu'on reverrait après deux généra-
tions. Ce sont encore les Français, mais non
les mesmes ».

Cette pensée est le fruit d'une observation
parfaitement exacte. Les nations semblent
avoir la mémoire plus courte que les particuliers. Le propre des élites est de garder le
dépôt d'un certain nombre d'idées et de sentiments que la foule oublierait trop vite.

Voici encore une maxime de gouvernement:

« Nous haïssons la vérité; on nous la cache.
Nous voulons être flattés; on nous flatte.
Nous aimons à être trompés; on nous
trompe ».

« L'homme est naturellement crédule... »
dira-t-il ailleurs, mais c'est un crédule volon-
taire. Le peuple est comme ce malade qui s'en
va consulter le médecin, moins pour savoir la
vérité que pour être rassuré.

Que de fois, pendant la Grande Guerre,
avons-nous observé que le gouvernement, en
répandant des communiqués trop optimistes,
avait pour complice l'opinion elle-même.

Le livre de Marcel Sembat: « Faites la
paix, sinon faites un roi », n'est-il pas un
commentaire de la pensée de Pascal sur la

nécessité et les événements ? Ceux-ci s'imposent aux républiques comme aux monarchies. A partir du 1ᵉʳ août 1914, la liberté de la presse fut suspendue en France pendant plus de quatre ans, comme elle avait été supprimée par Charles X pour des raisons toutes pareilles au début de la guerre d'Algérie. C'était détruire la plus importante conquête de la République. Nul ne s'en étonna.

Cette acceptation par l'opinion de l'erreur à condition qu'elle vous berce et qu'elle vous endorme, qu'est-ce autre chose qu'une forme de la concupiscence ? « *On s'est donc*, comme dit Pascal, *servi comme on a pu de la concupiscence pour la faire servir au bien public...* » Mais ce n'était que « *feindre et une fausse image de la charité* ».

Au lieu de chercher à ôter la vilain fond de l'homme, *figmentum malum*, l'homme politique croit que tout son art consiste à l'exploiter et à s'en servir. Et c'est ainsi qu'on a « *tiré de la concupiscence des règles admirables de police* ».

Pascal veut la paix mais il ne veut pas d'une paix honteuse, à tout prix. Il s'en explique dans une pensée très importante qui définit, en même temps, le rôle et les attributions de l'Etat, telles qu'il les comprend: « *Comme la paix dans les Etats n'a pour objet que de conserver les biens des peuples en assurance, de mesme la paix de l'Eglise n'a pour objet que de conserver en assurance la vérité qui est son bien et le trésor où est son cœur, et comme ce seroit aller contre le bien de la paix que de laisser entrer l'ennemy dans un Etat pour le piller sans s'y opposer, de crainte de troubler le repos, parce que la paix n'étant juste et utile que pour la sûreté du bien, elle devient injuste et pernicieuse quand elle le laisse perdre, et la guerre qui le peut défendre devient juste et nécessaire... Il y a donc un temps où la paix est juste et un autre où elle est injuste. Et il est écrit qu'il y a temps de paix et temps de guerre* ».*

Ailleurs, Pascal reproduit cette maxime de l'Evangile: « *Quand le fort armé possède son bien, ce qu'il possède est en paix* ».

Les pacifistes auraient donc tort de revendiquer Pascal comme un de leurs maîtres. On voit qu'il admettait la légitimité de la guerre en certains cas: lorsqu'il s'agit de repousser un ennemi qui envahit l'Etat pour le piller, et que, malgré ses boutades sur les « trognes armées », etc., il approuvait l'existence et l'emploi de la force publique.

Ces pensées sont d'un extrême intérêt en ce qu'elles nous montrent comment Pascal comprenait le rôle de l'Etat. Non seulement l'Etat ne doit pas s'immiscer dans le domaine spirituel, mais ses attributions sont assez limitées dans le domaine temporel. Son unique objet serait de « conserver les biens des peuples en assurance ». C'est une formule qui se rapproche de celle-ci: « Rendre la vie commode et les peuples heureux ». L'auteur des *Pensées* et des *Provinciales* n'apparaît pas comme étatiste ou interventionniste. La tyrannie, l'intolérance sont éloignées de la Cité de Pascal. Chacun y jouit de la sainte liberté des enfants de Dieu.

La Cité de Pascal est généreuse: « *Il faut tendre au général; et la pente vers soy est le commencement de tout désordre en guerre, en police, en économie, dans le corps particulier de l'homme* ».

Saint Thomas avait dit: « Les lois humaines visent en principe les situations générales et rarement les cas particuliers. Il faut que les lois soient instituées pour toute la durée de la Cité et l'ensemble des citoyens qui la composent ». *(Suma theol.* I, II, qu. 96, I *Concl)*.

Pascal ajoute: « *Si les membres des communautés naturelles et civiles tendent au bien du corps, les Communautés elles-mesmes doivent tendre à un autre corps plus général dont elles sont membres* ». Il n'avait donc pas renoncé à cette belle idée de chrétienté qui fut réalisée avant lui et il cherche à renouer les liens brisés qui rattachaient les uns aux autres les différents peuples. Il ne croyait pas, comme le comte de Maistre, à la guerre « divine et nécessaire ». Il en avait horreur et en espérait la suppression. Un pressentiment de génie lui fit concevoir le principe de l'arbitrage international qui, après tant d'échecs, tant d'épreuves sanglantes, semble aujourd'hui appelé à se réaliser: « *Quand il est question de juger si on doit faire la guerre et tuer tant d'hommes, condamner tant d'Espagnols à la mort, c'est un homme seul qui en juge, et encore intéressé: ce devroit estre un tiers indifférent* ».

VII

Les idées sociales de Pascal se trouvent
magistralement exposées dans les *Provin-
ciales,* notamment dans les VIIe, VIIIe, XIIe
XIIIe et XIVe lettres. Elles concernent le meurtre, le duel, le vol, l'usure, l'ambition, l'envie,
l'avarice. Ce sont les plus belles. Au témoignage du Dr Vallant (voir son portefeuille
publié par l'éminent érudit Ernest Jovy),
Boileau admirait surtout la septième, Arnauld
et Nicole avaient une prédilection pour la septième et la quatorzième. Le style y est brillant,
incisif, l'éloquence fougueuse, passionnée.
Est-ce seulement pour le vain plaisir de s'exciter sur un texte d'Escobar ou du Père Bauny?
Est-ce seulement parce que Pascal avait,
comme on l'a dit, l' « esprit français », ennemi des équivoques, de la fourberie et du men-
songe ? Non. Si le style de ces lettres est si
chaleureux, si enflammé, si, d'un bout à l'au-

tre, court une indignation si soutenue, c'est que Pascal, emporté par son cœur, par l'élan de sa charité, défend la doctrine évangélique qu'il a faite sienne, c'est qu'il défend l'inviolabilité de la personne humaine.

Qu'on ne vienne pas lui opposer des considérations sur l'honneur ou la direction d'intention ! L'indignation de Pascal transparaît, frémissante, sous le dialogue. On pourrait tuer pour une pomme... pour un soufflet... pour un démenti... pour des médisances... ou même pour un simple geste désobligeant ! « *Hé quoi ! mon père, la vie des Jansénistes dépend donc seulement de savoir s'ils nuisent à votre réputation ? Je les tiens peu en sûreté si cela est. Car s'il devient tant soit peu probable qu'ils vous fassent tort, les voilà tuables sans difficulté. Vous en ferez un argument en forme, et il n'en faut pas davantage avec une direction d'intention pour expédier un homme en sûreté de conscience* ».

Pascal n'admet aucune des subtilités dont s'autorisent certains casuistes pour autoriser le duel. On se rappelle le passage amusant du grand Hurtado de Mendoza: « Si un gentilhomme est connu pour n'être pas dévot et que les péchés qu'on lui voit commettre à toute heure sans scrupule fassent aisément juger que, s'il refuse le duel, ce n'est pas par la crainte de Dieu, mais par timidité; et qu'ainsi on dise de lui que c'est une poule et non un homme, *gallina et non vir;* il peut, pour conserver son honneur, se trouver au lieu assigné, non pas véritablement avec l'intention expresse de se battre en duel, mais seulement avec celle de se défendre si celui qui l'a appelé l'y vint attaquer injustement. Et son action sera toute indifférente d'elle-même. Car, quel mal y a-t-il d'aller dans un champ, de s'y promener en attendant un homme, et de se défendre si on l'y vient attaquer ? »

Pascal se donne la partie belle. Il n'est que trop facile de réfuter de pareilles sottises et de railler les auteurs de ces hypothèses drôlatiques. Ce qu'il faut retenir de tout cela c'est que Pascal a, pour la vie humaine, un respect absolu. « *Grandeur de l'âme humaine* ». Déjà nous l'avions vu dans la pensée: « *Pourquoi me tuez-vous? Ne demeurez-vous pas de l'autre côté de l'eau ?* » Le précepte divin *Non occides* semble ne pas admettre, d'après lui, d'exception, à peine en temps de guerre, jamais en cas de duel ou sous prétexte **de** défendre ses biens. Lui qui, dans les *Pensées*, paraît limiter assez étroitement **le** droit de propriété, n'admettra naturellement pas qu'on puisse sacrifier la vie d'un homme à la conservation d'un bien temporel. **Mais** dans la sixième lettre il se montrera le défenseur de la propriété contre la doctrine relâchée des jésuites. (Voyez l'historiette tout **à** fait divertissante de Jean d'Alba). Dans **la** huitième lettre il défendra encore la propriété contre ceux des casuistes qui excusent l'usure, et le vol.

La douzième lettre traite de l'aumône. Pascal rappelle les deux préceptes de l'Eglise : « *L'un de donner de son superflu dans les nécessités ordinaires des pauvres; l'autre, de donner même de ce qui est nécessaire, selon sa condition, dans les nécessités extrêmes* ». Ce double précepte, les religieuses et les solitaires de Port-Royal l'entendaient et l'appliquaient très strictement. On les a vus, dans ces temps de famine, rivaliser avec les disciples de saint Vincent de Paul pour adoucir les souffrances des pauvres. Mère Angélique ne dédaigne pas de préparer et de distribuer des soupes populaires. Charles Maynart de Bernières, un des disciples de Port-Royal, envoie dans toute la France des enquêteurs et organise méthodiquement la charité. Quant à Pascal, les traits de la plus charmante, de la plus délicate charité, abondent dans sa vie. Il s'étend dans cette douzième lettre avec de très longs développements sur ce sujet. Il abandonne le ton badin et moqueur de ses précédentes lettres. Le ton s'élève, devient grave et sérieux comme il convient. En deux pages il cite saint Thomas, saint Grégoire et saint Augustin. Il accumule les arguments. Il accable, sous le poids, le casuiste Vasquez qui sera, ici, sa « tête de Turc ».

« Au lieu que vous travaillez à entretenir dans les hommes l'ambition qui fait qu'on n'a jamais de superflu et l'avarice qui refuse d'en donner quand on en aurait, les saints ont travaillé au contraire, à porter les hommes à donner leur superflu et à leur faire connoître qu'ils en auront beaucoup s'ils le mesurent non par la cupidité qui ne souffre point de bornes, mais par la piété qui est ingénieuse à se retrancher pour avoir de quoi se répandre dans l'exercice de la charité ».

La treizième et la quatorzième lettres reviennent encore avec de longs développements sur cette question de l'homicide. C'est dans la quatorzième lettre que Pascal parle de l'HONNEUR.

L'honneur des chrétiens consiste dans l'observation des ordres de Dieu et des règles du christianisme, et non pas dans ce fantôme d'honneur que vous prétendez, tout vain qu'il soit, estre une excuse légitime pour les meurtres.

A cet honneur s'oppose celui « *que le diable a transmis de son esprit superbe en celui de ses superbes enfants. C'est cet honneur qui a toujours été l'idole des hommes possédés par l'esprit du monde. C'est pour se conserver cette gloire dont le démon est le véritable distributeur, qu'ils lui sacrifient leur vie par la fureur des duels à laquelle ils s'abandonnent.*»

Pascal fait ensuite cette remarque que Dieu a éclairé l'esprit du roi par des lumières plus pures que celles de la théologie, en lui inspirant les édits si sévères sur ce sujet. Il conseille aux pères de la Société de Jésus de changer de sentiments « *si ce n'est par prin-*

cipe de religion, au moins par maxime de politique ».

Toute cette quatorzième lettre est d'une importance capitale pour qui veut connaître l'évolution de la pensée de Pascal. Nulle part, l'opposition entre le royaume de la nature et le royaume de la grâce ne se trouve développée avec plus de force.

« *Car enfin, mes pères, pour qui voulez-vous qu'on vous prenne ? Pour des enfans de l'Evangile ou pour des ennemis de l'Evangile ? On ne peut être que d'un parti ou de l'autre, il n'y a point de milieu.* (Dans le Mémorial Pascal dira : « *Elle ne se conserve que par les voyes enseignées dans l'Evangile* »). *Il y a deux peuples et deux mondes répandus sur la terre, selon saint Augustin: le monde des enfants de Dieu, qui forme un corps dont Jésus-Christ est le chef et le roi; et le monde ennemi de Dieu dont le diable est le chef et le roi. Et c'est pourquoi Jésus-Christ est appelé le roi et le dieu du monde, parce qu'il a partout des sujets et des adorateurs, et que le diable est aussi appelé dans l'Ecriture le prince du monde et le dieu de ce siècle parce qu'il a partout des suppôts et des esclaves. Jésus-Christ a mis l'honneur à souffrir et le diable à ne point souffrir. Jésus-Christ a dit à ceux qui reçoivent un soufflet de tendre l'autre joue; et le diable a dit à ceux à qui on veut donner un soufflet de tuer ceux qui voudront leur faire cette injure. Jésus-Christ déclare heureux ceux qui participent à son ignominie et le diable déclare malheureux ceux qui sont dans l'ignominie.*

Voyez donc maintenant, mes pères, de quel esprit vous êtes. Vous avez ouï le langage de la ville de paix qui s'appelle la Jérusalem mystique, et vous avez ouï le langage de la ville de trouble que l'Ecriture appelle la spirituelle Sodome ».

La même pensée directrice circule à travers toute l'œuvre de Pascal. Nous la voyons très nettement dans les *Provinciales* apporter le même courant limpide et fort que dans les *Pensées*. Qu'il s'agisse du meurtre, du duel, du vol, de l'usure, de l'ambition, de l'avarice, Pascal dépense son admirable génie à faire prévaloir la doctrine qui doit assurer la paix.

Si les *Provinciales* ont été censurées, ce n'est point pour avoir défendu une telle doctrine, c'est pour avoir dressé cette défense contre des ennemis imaginaires, pour avoir généralisé les écrits de certains pères espagnols ou flamands et en avoir rendu responsable toute la Compagnie de Jésus. Mais quant au fond du débat, dans les lettres sociales précitées, la thèse de Pascal est irréprochable, inattaquable. C'est la doctrine de l'Evangile, de l'Eglise et de la morale éternelle.

VIII

Pascal ayant perdu sa mère à l'âge de trois
ans se troûva, avec ses deux sœurs et son
père, former un groupe très serré et très inti-
mement uni. Etienne Pascal semble avoir
aimé son fils d'un amour un peu inquiet et
jaloux car il vendit sa charge de président en
la Cour des Aydes de Clermont pour se con-
sacrer exclusivement à son éducation. Il en
résulta une instruction assez tronquée,
approfondie dans les langues et les sciences
abstraites, à peu près nulle en ce qui touche
l'histoire, la littérature, la poésie, les arts,
le sentiment de la nature. Nous sommes loin
de la culture générale et de ce caractère universel que Pascal exigeait de « l'honneste
homme ».

D'où vient donc ce silence presque dédai-
gneux de Pascal à l'égard de la famille, clef
de voûte de la patrie et de la société humaine ?

Quand il évoque le premier occupant du **sol**, l'image qui se présente à son esprit n'est **pas** celle d'un homme cherchant un coin de terre pour abriter et nourrir sa femme et ses petits. **Non.** Ce qu'il voit, c'est, contrairement à toute **vra**isemblance, un faible enfant isolé.

S'il effleure l'institution du mariage **dans** **quelque** *pensées* c'est pour en signaler les ennemis.

« *Saint Paul dit luy-mesme que les gens dé-fendront les mariages et luy-mesme en parle aux Cor « d'une manière qui est une ratière* ».

« *Un homme vit avec plaisir en son ménage. Qu'il voye une femme qui lui plaise, qu'il joue cinq ou six jours avec plaisir, le voilà misérable s'il retourne à sa première occupation* ».

Et ailleurs : « *Il n'ayme plus cette personne qu'il aymoit il y a dix ans. Je crois bien : elle n'est plus la mesme, ni luy non plus. Il estoit jeune et elle aussi ; elle est tout autre. Il l'aymeroit peut-estre encore telle qu'elle estoit alors* ».

Pascal n'a pas plus confiance dans l'amour naturel des enfants que dans l'amour conjugal laissé à l'état nature. Car, outre que cette nature est corrompue, elle n'est souvent qu'une coutume reçue des générations antérieures. « *Qu'est-ce que nos principes naturels sinon nos principes accoutumés et dans les enfants ceux qu'ils ont reçus de la coutume de leurs pères comme la chasse dans les animaux? Les pères craignent que l'amour naturel de leurs enfants ne s'efface. Quelle est donc cette nature sujette à estre effacée ? La coutume est une seconde nature qui détruit la première, mais qu'est-ce que nature ? J'ai grand peur que cette nature ne soit elle-mesme qu'une première coutume, comme la coutume est une seconde nature* ».

Le génie de Pascal a ici entrevu l'individu dans le cadre de la famille, et la famille comme un anneau dans la chaîne ininterrompue des générations. M. Brunschvicg fait très justement ressortir l'importance de cette pensée : « Elle semble, dit-il, formuler une des lois de la théorie évolutionniste que Lamarck introduira dans la science au XIXᵉ siècle. »

On n'était pas tendre pour le mariage à Port-Royal. Une des religieuses, Agnès Arnauld, sœur d'Angélique, auteur du « Chapelet secret du Saint-Sacrement » que la Sorbonne condamna comme « contenant plusieurs extravagances, impertinences, erreurs, etc... », écrivait à son neveu, Le Maître, qui songeait à prendre femme : « Mon cher neveu, ce sera la dernière fois que je me servirai de ce titre. Autant que vous m'avez été cher, vous me serez indifférent... Vous voulez devenir esclave et avec cela demeurer roi dans mon cœur ; cela n'est pas possible. Vous direz que je blasphème contre ce vénérable sacrement auquel vous êtes si dévot, mais ne vous mettez pas en peine de ma conscience qui sait bien séparer le saint d'avec le profane, le précieux de *l'abject* (sic) et qui, enfin vous pardonne avec saint Paul et contentez-vous de cela ».

Quant à Pascal, il avait, comme on dit aujourd'hui, la « marotte » d'envoyer toutes les femmes au couvent. Il détourna sa sœur d'un mariage avec un conseiller au Parlement de Rouen. Il fulmina contre le mariage de sa nièce, Mademoiselle Périer. Il fit prendre le voile à Mademoiselle de Roannez. Il reprochait à sa sœur Gilberte les innocentes caresses que lui donnaient ses enfants. Mais tout cela se passait à l'époque où l'ascétisme de Port-Royal s'était entièrement emparé de son âme.

On peut dire, pour excuser Pascal, que, de
son temps, la famille française pouvait faire
la part de Dieu car elle était singulièrement
vigoureuse et féconde. Antoine Arnauld avait
eu vingt enfants. Fléchier, dans ses « Grands
Jours », nous cite une dame Etienne Pascal
née Engobert qui mourut âgée de quatre-
vingts ans, comptant jusqu'à 469 neveux et
nièces vivants et plus de 1.000 autres morts.
« Deux ou trois dames encore bien fraîches,
ajoute-t-il, comptaient leur dix-huitième enfant et quelques autres, que l'on prenoit pour
jeunes, comptoient pour rien de n'avoir eu
que dix garçons ». Cette remarquable fécon-
dité se rencontrait dans toutes les provinces,
du Nord au Sud de l'ancienne France.

Le mariage, considéré comme une institution purement humaine, mérite peut-être les
réflexions un peu amères de Pascal. Là aussi,
le passage de l'état de nature à l'état de la
grâce que souhaite l'auteur des *Pensées*
consolidera, sanctifiera les liens qui unissent
les membres de la famille. Pascal parle de
l'amour *naturel* des enfants, comme il dit :
« Il s'agit toujours de la nature corrompue,
et entachée du *figmentum malum* ». C'est

contre elle que Pascal est en perpétuelle défiance. Ce serait méconnaître son œuvre que de croire qu'il en prend son parti. Tout au contraire, n'oublions pas que le royaume de la nature doit chercher le royaume de la grâce en gémissant.

Pascal songea un moment à se marier, nous disent ses biographes. Racine nous parle d' « un mariage très avantageux qu'il était sur le point de conclure ». Il nous semble certain que Pascal fut un jour très épris. Le discours sur les Passions de l'amour est une confession à laquelle il ne manque que le nom de la personne. Ce discours a été vécu intensément. Il présente une analyse subtile de sentiments qu'on n'invente pas. Pascal a passé par toutes les angoisses, les extases et les souffrances d'un amour passionné et insatisfait. Il a souffert. C'est la marque infaillible qu'il a aimé fortement. Pourquoi ce projet de mariage n'eut-il pas de suite? Les historiens ne nous le disent pas.

Si Pascal n'eut point la joie de fonder un foyer il connut du moins celle de l'amitié. Pascal eut un nombre d'amis incalculable; d'abord ceux qu'il rencontrait chez son père:

Arnauld, Le Pailleur, Roberval, Hardy, le Père Mersenne, Fermat, puis le jeune duc de Roannez qui « ne pouvait se passer de lui » au dire de Mme Périer, puis Méré, Miton et Jean Domat, avocat à Clermont. Il en eut en Auvergne, en Poitou, en Normandie, à Paris, sans oublier le groupe de Port-Royal. C'était chez lui un besoin du cœur.

« *L'homme seul est quelque chose d'imparfait ; il faut qu'il trouve un second pour être heureux* ». (*Discours sur les passions de l'amour*).

Quelles conditions doit remplir cet ami ? Ce doit être un « *honneste homme qui puisse s'accommoder de tous ses besoins généralement* ».

La différence de condition n'est pas un obstacle ; et même « *Une haute amitié remplit bien mieux qu'une commune et égale le cœur de l'homme. Les petites choses flottent dans sa capacité ; il n'y a que les grandes qui s'y arrêtent et qui y demeurent* ». Mais n'est-ce pas le moment de nous souvenir des paroles de Pascal sur les Grands qui sont des « rois de concupiscence » parce qu'ils possèdent et distribuent les choses que la cupidité des hommes désire ? « *Vous êtes,* dit Pascal dans un de ses discours sur la condition des Grands, *envi-ronné d'un petit nombre de personnes sur qui vous régnez à votre manière. Ces gens sont pleins de concupiscence ; c'est la concupis-cence qui les attache à vous.* »

Malgré tout, on ne peut trouver, même chez les plus grands, cette sécurité à laquelle nous aspirons : *Qui aurait eu l'amitié du roi d'Angleterre, du roi de Pologne, et de la reine de Suède aurait-il cru pouvoir manquer de retraite et d'asile au monde ?* »

« *Nous sommes plaisants, dit-il ailleurs, de nous reposer dans la société de nos semblables. Misérables comme nous, impuissants comme nous, ils ne nous aideront pas ; on mourra seul.* »

L'amitié elle-même est une fleur fragile qu'un rien suffit pour flétrir. Ce « rien », c'est souvent une médisance.

« *Je mets en fait que si tous les hommes savoient ce qu'ils disent les uns des autres, il n'y auroit pas quatre amis dans le monde.* » La médisance, hélas ! fleurissait dans les salons où fréquentait Pascal, comme partout où il y a des hommes et des femmes qui s'assem-blent et qui causent.

Pascal connut le charme des amitiés fémini-
nes. Son enfance s'écoula entre deux sœurs,
l'une un peu plus âgée, l'autre un peu plus
jeune que lui : Gilberte et Jacqueline. Il ne
survécut que de quelques mois à la seconde et
mourut chez la première. Leur vie est constamment mêlée à celle de Pascal. L'histoire
impartiale ne peut séparer ces trois figures.
Gilberte était une bonne fille, un peu bigote.
Jacqueline, au contraire, avait, semble-t-il,
reçu quelques étincelles de ce feu concentré
qui brillait dans l'âme de son frère. Elle avait
beaucoup d'esprit, si on en juge par son petit
dialogue avec le Cardinal de Richelieu. Elle
composa des vers détestables qu'on admira,
car ils étaient dans le goût du temps. Mais,
pour la postérité, elle doit sa gloire à son attitude parmi les religieuses persécutées de
Port-Royal, et aux lettres fières et belles
qu'elle écrivit alors.

Madame de Sablé, qui s'était fait bâtir une
maison près du Couvent de Port-Royal de Paris était en relations suivies avec Pascal.

Qui découvrira, quel chercheur heureux
nous révèlera le nom de cette « Sapho » auver-
gnate que Fléchier nous cache avec tant de

soin ? « ...l'esprit le plus fin et le plus vif qu'il y ait dans la ville. Elle étoit aimée par tout ce qu'il y avoit de beaux esprits... M. Pascal qui s'est acquis, depuis, tant de réputation et un autre savant étoient continuellement près de cette belle savante. »

Mais la grande amie ce fut Mademoiselle de Roannez. Rien dans les quelques lettres qui nous ont été conservées ne permet d'y trouver trace d'un amour terrestre sauf peut-être le troublant début de la lettre II : « *Il est bien assuré qu'on ne se détache jamais sans douleur. On ne sent pas son lien quand on suit volontairement celui qui entraîne, comme dit saint Augustin, mais quand on commence à résister et à marcher en s'éloignant on souffre bien* ».

M. Havet nous dit en parlant d'elle : « Ce fut pour le malheur et le déchirement de toute sa vie qu'elle fut exposée à l'influence contagieuse de ce terrible génie. » Je ne puis me résoudre à voir un homme terrible dans ce génie dont chacun cherchait la société et que je me représente plutôt comme le type du vrai chrétien « heureux, raisonnable, vertueux, aimable ». N'a-t-il pas confessé lui-même

« qu'on s'attachoit à lui avec plaisir et volontairement ? » Une de ses lettres à Mademoiselle de Roannez est une invitation à la joie.
Elle est datée de décembre 1656.

« ..... *il ne faut pas croire que la vie des
Chrétiens est une vie de tristesse. On ne quitte
les plaisirs que pour d'autres plus grands... La
véritable piété, qui ne se trouve parfaite que
dans le ciel, est si pleine de satisfactions
qu'elle en remplit et l'entrée et le progrès et le
couronnement. C'est une lumière si éclatante
qu'elle rejaillit sur tout ce qui lui appartient...
Otons l'impiété et la joie sera sans mélange.* »

La douleur suprême pour Pascal, c'est la
rupture des liens du cœur.

Les lignes les plus sublimes qui soient sor-
ties de sa plume et le point culminant des
Pensées, se trouvent dans le Mystère de
Jésus. Or, est-ce autre chose qu'une déli-
cieuse cantilène de l'Amitié ? Comptez avec
moi combien de fois le mot « ami » s'y trouve
prononcé ! Ce fragment peut se diviser en
deux parties. Dans la première, nous entendons la lamentation de celui qui se voit abandonné de ses amis les plus chers ; dans la se-

conde, nous entendons le langage adorable de l'ami divin, l'effusion du cœur de Jésus.

Premier thème : *L'amitié des hommes.* « *Jésus cherche quelque consolation au moins dans ses trois plus chers amys et ils dorment. Il les prie de soutenir un peu avec lui et ils le laissent avec une négligence entière, ayant si peu de compassion qu'elle ne pouvait seulement les empêcher de dormir un moment. Et ainsy Jésus estoit délaissé seul à la colère de Dieu. Jésus est seul dans la terre, non seulement qui ressente et partage sa peine, mais qui la sache....*

Il souffre cette peine et cet abandon dans l'horreur de la nuit.

Je croy que Jésus ne s'est jamais plaint que cette seule fois, mais alors il se plaint comme s'il n'eût plus pu contenir sa douleur excessive. « *Mon âme est triste jusqu'à la mort.* »

Jésus cherche de la compagnie et du soulagement de la part des hommes.... mais il n'en reçoint point, car ses disciples dorment.

... Jésus au milieu de ce délaissement universel et de ses amis choisis pour veiller avec luy, les trouvant dormants, s'en fasche à cause du péril où ils exposent non luy, mais eux-

*mêmes, et les avertit de leur propre salut et de
leur bien avec une tendresse cordiale pour eux
pendant leur ingratitude et les avertit que
l'esprit est prompt et la chair infirme.*

*.... Jésus, pendant que ses disciples dor-
moyent, a opéré leur salut. Jésus voyant
tous ses amys endormis et tous ses ennemys
vigillants, se remet tout entier à son père.*

*Jésus ne regarde pas dans Judas son inimi-
tié, mais l'ordre de Dieu qu'il ayme, et l'avoue
puisqu'il l'appelle son amy.*

*Jésus s'arrache d'avec ses disciples pour
entrer dans l'agonie, il faut s'arracher de ses
plus proches et des plus intimes pour l'imiter.* »

Une méditation sur les souffrances du
Christ au jardin des Oliviers offre à l'esprit
les perspectives les plus profondes. On peut
imaginer les développements qu'un Bossuet
composerait. Mais Pascal s'attache surtout à
cette idée d'amitié et de déréliction.

Deuxième thème : *L'amitié d'un Dieu.*
Après une pause, voici que nous entendons
s'élever, comme un doux chuchotement la
voix de l'ami céleste : « *Je pensois à toy dans*

mon agonie, j'ay versé telles gouttes de sang
pour toy. »

Qui peut rester insensible à l'appel de celui
qui, tout en étant Dieu, reste, très proche
de nous, très fraternel : « *Veux-tu qu'il
me couste toujours du sang de mon humanité
sans que tu donnes des larmes ?* »

C'est un ami qui ne dort pas, ne s'enfuit
pas, comme l'ont fait ses disciples. « *Je te
suis présent par ma parolle dans l'Escriture,
par mon esprit dans l'Eglise, etc...* »

C'est un ami qui guérit, un ami qui délivre
de la servitude spirituelle, un ami incompara-
ble.

Jésus, prend pour lui tout le travail :
« *C'est mon affaire que ta conversion, ne
crains point...* »

Il est le conseiller et le guide : « *Laisse-toy
conduire à mes règles... Fais pénitence pour
tes péchés cachés et pour la malice occulte de
ceux que tu connois.* »

O douce, ô parfaite intimité ! Nous devons
« *ajouter nos plaies aux siennes. Il a permis
que nous touchions ses plaies après sa résurrection..* »

Jusqu'où ira cette amitié ? Quelles seront

ses limites ? « *Il n'y a nul rapport de moy à Dieu ni à Jésus-Christ juste. Mais il a esté fait péché par moy, tous vos fléaux sont tombés sur luy. Il est plus abominable que moy, et et loing de m'abhorrer, il se tient honoré que j'aille à luy et le secoure.* » Et Jésus dit encore : « *Je te suis plus amy que tel ou tel... Ils ne souffriroient pas ce que j'ay souffert de toy et ne mourroyent pas pour toy dans le temps de tes infidélités et cruautés, comme j'ay fait et comme je suis prest à faire et fais dans mes éleus et au Saint-Sacrement.* »

Et enfin ce cri d'une tendresse passionnée : « *Je t'ayme plus ardemment que tu n'as aymé tes souillures.* »

Ce *Mystère de Jésus* est vraiment le Cantique des Cantiques de l'Amitié.

Celui que Voltaire appelait « un misanthrope sublime » était un tendre, et, chez lui, le cœur fut aussi grand que l'esprit. Il a écrit : « *Il faut plaire à ceux qui ont des sentiments humains et tendres non aux âmes barbares et inhumaines.* »

Nous aimons Pascal parce qu'il nous aime : « *Si ce discours vous plaît et vous semble fort, sçachez qu'il est faict par un homme qui s'est*

*mis à genoux auparavant et apres, pour prier
cet estre infiny et sans parties auquel il soumet tout le sien de se soumettre aussy le vostre, pour vostre propre bien et pour sa gloire,
et qu'ainsy la force s'accorde avec cette bassesse.* » Il veut notre bien, il s'est mis à genoux... Paroles nouvelles, jamais lues ni en-
tendues ailleurs...

Nous aimons Pascal comme un grand frère
douloureux. Nous le voyons souffrir devant
nous, avec nous, de souffrances qui nous sont
communes. Nul n'a traduit plus fortement le
duel éternel entre la chair et l'esprit. Nul n'a
crié avec de tels accents l'effroi de l'homme
« devant le silence éternel de ces espaces infi-
nis ». Tant qu'il y aura des âmes inquiètes,
déchirées par l'énigme de leur destin, elles
trouveront dans Pascal, non seulement un
écho et un interprète fidèle, mais un consola-
teur, un guide compatissant qui leur montrera
la voie qu'il a suivie lui-même.

Le langage du cœur a quelque chose d'universel et d'éternel comme la musique. Il se
parle, il se comprend là où ne pénètre pas le
langage de la raison pure. On compte dans la
Société des Amis de Pascal les représentants

de vingt-trois nations. Gloire mondiale! Notre grand homme la doit à cette tendresse et à ce sentiment continuel du pathétique de la vie humaine qui font courir à travers son œuvre le frémissement pascalien.

IX

Tout jeune encore et déjà célèbre, Pascal
est reçu dans l'académie libre du Père de
Mersenne où il collabore avec les esprits les
plus illustres de son temps. Cette compagnie,
berceau de notre Académie des Sciences et
centre international, « était animée d'une cer-
titude: la marche de la raison interrompue
par la barbarie médiévale allait reprendre
grâce au calcul et à l'expérience (1). » On se
croit à l'aube de temps nouveaux, au début
d'un âge d'or. On est soulevé par une confiance sans bornes. L'adolescent de génie se jette
dans le mouvement avec l'allégresse de son
âge. Il possède en la science une foi robuste,
et une foi agissante puisque lui-même étend
singulièrement par ses découvertes le champ

---

(1) Strowski: *Pascal et son temps.*

des connaissances humaines. C'est qu'une méthode nouvelle a été trouvée. Le Père Gratry pensait sans doute à Pascal quand il écrivait : « La science de la nature visible a commencé dans le monde il y a trois siècles, lorsque l'esprit humain cessant de s'exalter et de vouloir créer lui-même la science, se fit disciple et humble observateur de la nature, et s'humiliant ainsi, fut glorifié. » *(Commentaires sur l'Evangile* 1,21).

Pascal a-t-il cru que l'humanité serait rénovée par les découvertes de la science ? A-t-il cru au progrès et à la perfectibilité indéfinie de notre espèce ? Les textes épars dans son œuvre nous donnent de précieuses indications sur l'idée que Pascal, vieilli et mûri par l'expérience, s'est formée du progrès.

Dans un passage du *Traité du vide* Pascal s'irrite contre ceux qui, « *traitant indignement la raison de l'homme, et la mettant en parallèle avec l'instinct des animaux en ôtent la principale différence qui consiste en ce que les effets du raisonnement augmentent sans cesse au lieu que l'instinct demeure dans un état toujours égal* ». L'expression est très nette : Pascal n'admet pas la stagnation, l'immobilité. Le propre de chaque chose devant être recherché, il lui apparaît que le propre de l'intelligence est « *de s'instruire sans cesse dans son progrès car l'homme tire avantage non seulement de sa propre expérience mais encore de celle de ses prédécesseurs...*

... De là vient que, par une prérogative particulière, non seulement chacun des hommes s'avance de jour en jour dans les sciences, mais que tous les hommes ensemble y font un continuel progrès à mesure que l'univers vieillit parce que la même chose arrive dans la succession des hommes que dans les âges différents d'un particulier. De sorte que toute la suite des hommes, pendant le cours de tant de siècles, doit être considérée comme un même homme qui subsiste toujours et qui apprend continuellement. »

Plusieurs fragments des *Pensées* reviennent sur cette idée de progrès qui est bien du vocabulaire pascalien.

« *Tout ce qui se perfectionne par progrès périt aussi par progrès* »

« *La nature de l'homme n'est pas d'aller toujours. Elle a ses allées et venues. Les inventions des hommes de siècle en siècle vont de même. La bonté et la malice du monde en général en est de même ».*

« La nature agit par progrès, itus et reditus. Elle passe et revient, puis va plus loin, puis deux fois moins, puis plus que jamais, etc. »

Deux questions se posent concernant ces passages dont l'importance n'a pas besoin d'être soulignée. Et d'abord y a-t-il entr'eux contradiction, comme le prétend Havet? Le fragment du *Traité du vide* se trouve-t-il démenti par les fragments des *Pensées?* La belle comparaison de l'humanité avec un même homme qui subsiste toujours et qui apprend continuellement n'est-elle pas affaiblie par les textes ci-dessus? Nous ne le croyons pas. Qu'importe, en effet, qu'il se produise des moments d'arrêt ou même de recul si, en définitive, la somme des pas en avant est plus grande que celle des pas en arrière! La balance est toujours en faveur du progrès. La conclusion de Pascal est nettement optimiste « *puis plus que jamais* », affirme-t-il.

La deuxième question a été posée par Paul Bourget avec cette grande autorité qui donne envie de s'incliner même quand on n'est pas tout à fait de son avis : Pascal a-t-il entendu borner le progrès aux sciences mathématiques, physiques et naturelles ? L'illustre romancier répond affirmativement. Mais rien n'indique chez Pascal une tendance à exclure du progrès le domaine de la vie sociale et morale. Les termes dont il s'est servi sont des plus généraux : « La nature, la nature de l'homme »... Il aurait pu dire, il a probablement pensé, « l'humanité », « la civilisation », mais ces mots n'étaient pas à la mode à son époque. Lorsque Pascal écrit : « *Tout ce qui se perfectionne par progrès périt aussi par progrès* », il a en vue le déclin des nations usées par l'excès de luxe et de bien-être. On ne voit pas comment les sciences abstraites pourraient succomber à la suite de trop grands progrès. On est donc fondé à penser que le magnifique exposé de ce rythme auquel est soumis le progrès s'applique dans le domaine moral et social. *Itus et reditus,* aller et retour ! Lucrèce voyait le Progrès sous la forme d'un coureur tenant à la main un flambeau allumé. Derrière lui, la foule immense se presse, anxieuse de la route à suivre, avide de connaître ce que recèle l'avenir dans son manteau de ténèbres. Lorsque le coureur sent ses forces défaillir il passe à un autre la flamme ardente. Mais ce que Lucrèce n'a pas vu, ce que Pascal a exprimé c'est que, parfois, le porteur de flambeau tombe et la lumière s'éteint. Tout rentre dans la nuit. On se perd en de mauvais chemins, on se heurte, on trébuche, on se bat, on désespère. Il faut attendre, jusqu'à ce qu'un nouveau génie ait ramassé la torche et l'ait rallumée pour guider les peuples vers leurs destinées. Lorsque l'humanité se voit soudain envahie par un déchaînement de violences qui menacent d'anéantir toutes ses conquêtes, lorsque ce désordre se prolonge sous un ciel qui semble sourd à nos plaintes, alors il est bon de se rappeler la parole de Pascal. Elle est toute chargée d'espérance. *Itus et reditus...*

Si le progrès moral et social peut subir des temps d'arrêt, est-il permis à un Chrétien de méconnaître les résultats déjà obtenus et de nier l'existence de cette force latente qui conduit le monde vers un avenir meilleur? Depuis que le Christianisme s'est incorporé à la civilisation, il n'est plus possible d'être pessimiste. Ce serait croire que la religion chrétienne est aussi mal adaptée aux sociétés humaines que les religions païennes. Mais l'Histoire nous montre que ce ferment jeté parmi les nations, a fait, et fait encore, par une action lente mais incessante, lever toute la pâte. Sous la poussée des idées chrétiennes, l'esclavage a disparu, la condition de la femme s'est transformée, l'assistance aux malades, aux blessés, aux vieillards, a été créée.

Que se passait-il à l'origine des sociétés? Pascal nous l'indique: « *Figurons-nous que nous les voyons commençant à se former. Il est sans doute qu'ils se battront jusqu'à ce que la plus forte partie opprime la plus faible et qu'enfin il y ait un parti dominant. Mais quand cela est une fois déterminé, alors les maîtres qui ne veulent pas que la guerre continue, ordonnent que la force qui est entre leurs mains succèdera comme il leur plaît.* » Ainsi donc, pendant une période assez longue, la force brutale tient lieu de droit et de loi. Pascal explique ensuite la naissance du droit et de la loi par une invention des forts, qui aurait été une sorte de concession aux faibles.

Le développement du droit s'est produit au cours des siècles, lentement, par étapes très longues. Dans l'ordre du travail, on a vu successivement l'esclave, puis l'affranchi, puis le travailleur libre. On a cru que le salariat était la meilleure et ultime formule. Et voici que, déjà, il s'élève à un nouveau stade où l'on reconnaît que l'ouvrier a droit à quelque chose de plus que le salaire.

La grande Industrie a eu sa période de tâtonnements. Elle a été meurtrière, mortelle, pour des générations d'ouvriers. Elle ne s'était pas encore adaptée. Aujourd'hui elle a organisé les assurances, les caisses de compensation, les allocations familiales. Elle fournit la maison et le jardin. Elle distribue les forces dont elle dispose: la chaleur, la lumière, au foyer de l'ouvrier. La mutualité étend son réseau protecteur sur les familles. L'association organise le crédit. Nous avons, enfin, dans tous les pays civilisés, une législation sociale dont on n'avait aucune idée aux siècles d'autrefois. La maladie, l'accident, le chômage, la famille nombreuse, la vieillesse, étaient, pour l'ouvrier, autant de catastrophes que la collectivité s'efforce maintenant d'écarter ou d'adoucir.

« Progrès matériel, disent des esprits cha-
grins, nous n'en avons cure, s'il ne s'accom-
pagne d'un progrès moral, le seul qui importe
au bonheur de l'humanité! » Ne soyons pas
trop exigeants, ni trop impatients. Ce progrès
matériel tend à généraliser le minimum de
confortable qu'un philosophe déclarait nécessaire à la vertu. Et dès à présent, ne témoi-
gne-t-il pas, chez les régents du monde, d'une
sollicitude, d'un sentiment du devoir qui
n'existaient pas autrefois à l'égard des classes laborieuses ?

Vous dédaignez les inventions nouvelles...
Mais la télégraphie sans fil est en train de
retenir, de « raciner » la famille sur le champ
paternel. Si elle arrive ainsi à favoriser
l'exercice des vertus qui naissent de la terre,
n'aura-t-elle pas rendu plus facile, pour certains, cette « tragédie du salut » que Bourget,
à la suite de Pascal, considère avec raison
comme l'affaire essentielle ?

La guerre de 1914 est la grande objection
des pessimistes. Certes elle a été une régression effroyable sur la route du progrès, mais
ses destructions provinrent surtout de la
puissance des engins de mort. Dans l'ensem-

ble, de côté et d'autre, on reconnut certaines lois de la guerre, on fit une différence entre les combattants et les populations civiles, distinction inconnue aux temps vraiment barbares. Ne comparez pas les guerres d'aujourd'hui avec les guerres « en dentelles » du temps de Louis XV, comparez-les avec les guerres d'avant le Christ. Le prétexte le plus futile était le signal d'un égorgement général. Toute la tribu vaincue y passait. (Voyez l'histoire du peuple juif). Comparez invasions d'aujourd'hui avec invasions d'autrefois. Comparez misère chrétienne avec misère païenne. Voyez ce réseau d'ordres charitables inombrables étendu partout et n'oubliez pas la Croix-Rouge, la Croix de Malte, l'Armée du Salut, les Conférences de saint Vincent de Paul et cette Société des Nations qui connaît, comme toute chose vivante, ses « aller et retour », et, comme toute chose grande, ses détracteurs.

Pascal a aperçu le germe de progrès indéfini déposé par le Christianisme dans les sociétés humaines : « *Les riches quittent leurs biens, les enfants quittent la maison délicate de leurs pères pour aller dans l'austérité d'un désert... Les temples sont détruits, les roys se soumettent à la Croix. Qu'est-ce que tout cela? C'est l'esprit de Dieu qui est répandu sur la terre. Effundam spiritum meum. Tous les peuples estoient dans l'infidélité et dans la concupiscence, toute la terre fut ardente de charité. Les princes quittent leurs grandeurs, les filles souffrent le martyre. D'où vient cette force? C'est que le Messie est arrivé. Voilà l'effet et les marques de sa venue.* »

Nous touchons au fondement mystique de l'optimisme chez Pascal. Cette déclaration de foi doit être opposée à ceux qui ne veulent voir dans l'auteur des *Pensées* et des *Provinciales* qu'un janséniste morose. Pascal a laissé une postérité spirituelle dans les rangs de ces philosophes chrétiens : Gratry, Ozanam, Lacordaire, Fustel de Coulanges et bien d'autres, qui, aux heures les plus sombres, n'ayant pas désespéré de leur temps, ont affirmé leur foi en la victoire finale de la lumière.

TABLE

IMP. DOURIEZ-BATAILLE - LILLE